AF522763

# Karotte Möhre

Eva Derndorfer | Inge Fasan

Mit Illustrationen von Linda Wolesgruber

mandelbaums *kleine gourmandisen*
Nº 46

*Die Arbeit an diesem Büchlein wurde innerhalb der »Neigungsgruppe Karotte« wie folgt verteilt: Der Text stammt von Inge Fasan, die Rezepte von Eva Derndorfer.*

www.mandelbaum.at
www.mandelbaum.de
ISBN 978-3-85476-923-1

1. Auflage 2022
Lektorat: Margot Fischer
Satz und Umschlaggestaltung: Michael Baiculescu
Illustrationen: Linda Wolfsgruber
Druck: Interpress, Budapest

## HÄNGT SIE HÖHER!

Der Esel trottet der Karotte hinterher – dieses Bild kennt jede/r. Vor des Tieres Nase baumelt die Wurzel, die es nie erreichen wird. In natura würde der Esel so etwas nicht machen, zumindest nicht ewig. Wir Menschen schon: Wir rennen der (imaginierten) Karotte hinterher – oder der Möhre oder der Gelben Rübe. Manchmal erreichen wir sie, dann hängt sofort die nächste da, manchmal bleibt sie Objekt der Sehnsucht, des Verlangens, der Begierde oder der Gier – je nachdem, wie man es betrachten möchte. Sie scheint jedenfalls immer in Griffweite. Aber wer hängt sie dort hin?

Die Motivationspsychologie hat sich die Karotte als DAS Symbol für Belohnung untertan gemacht. Mit ihr vor der Nase gewinnen Schifahrer Rennen, wir können uns mit ihrer Hilfe das Rauchen abgewöhnen, vielleicht auch abnehmen und sonstige großartige Leistungen vollbringen. Wir optimieren uns mithilfe von Karotten. Oder man optimiert uns – denn tatsächlich lautet der Titel eines Buches für Führungskräfte: »Führen mit Möhren«. Ziel: Mitarbeiter und Mitarbeiterinnen zu Höchstleistungen anzuspornen, Abläufe zu optimieren, Gewinn zu maximieren. Das mag akzeptabel sein, wenn die Belohnungen auch wirklich verteilt werden. Karotten-Prinzip nennt man es, wenn sie immer nur in Aussicht stehen (oder Wahlversprechen, aber das ist eine andere Sache). Die Karotte bekommt durch diese Deutung einen bitteren Beigeschmack, dabei hat sich die wunderbare Wurzel wirklich Besseres verdient. Immerhin fungiert sie dem Esel (und auch uns) in obigem Bild als äußerst erstrebenswertes Gut – und ein solches ist sie auch: Von vornehmer Blässe über das sonnigste Gelb bis zum dunkelsten Violett erfreut sie unser Auge, von süß bis vollmundig-erdig den Gaumen, von flüssig bis knackig-fest können die aus ihr erzeugten Genüsse sein. Wir möchten die Karotte nicht an einem Stock vor Ihre Nase hängen, wir wollen sie aufs Podest heben und in ihrer gesamten kulinarischen Vielfalt für Sie zugänglich machen. Jederzeit.

## ETYMOLOGIE ODER: EIN GELIEBTES KIND HAT VIELE NAMEN

Dass die Liebe zu einem Menschen oder einer Sache größer sei, je mehr Bezeichnungen man für sie oder ihn habe, besagt zumindest ein Sprichwort. Auf die Karotte scheint dies zuzutreffen, in puncto Beliebtheit liegt sie europaweit nämlich gleich hinter der Tomate auf Platz 2 und Namen hat sie wirklich viele.

Neben den bekannten Karotten-Synonymen Möhre (Murre, Morte, Murl, Murkerl etc.), Mohrrübe, Gelbe Rübe (Geeleriebe, Gelleriewe, Gäälriewe, Gellriebli, Gäiberuum, Gälrüeble etc.), Rü(e)bli und Wurzel gibt es unzählige Dialektausdrücke. Die Frage, wer wo wie zur beliebten Wurzel sagt, ist wissenschaftlich gut untersucht: Im »Atlas zur deutschen Alltagssprache«, einem universitären Projekt, das sich dem regional unterschiedlichen Gebrauch bestimmter Alltagsbegriffe im deutschsprachigen Raum (Deutschland, Österreich, Südtirol, der Schweiz und Liechtenstein) verschrieben hat, wurde in einer Umfrage nach einem »in der Erde gewachsenen orangefarbenen Gemüse in der abgebildeten länglichen Form« gefragt. Eine »Landkarte« macht die Verbreitungsgebiete der einzelnen Begriffe sichtbar.

Es zeichnen sich sieben verschiedene Zonen ab: Im Südosten des untersuchten Gebiets (Österreich, Südtirol) dominiert die Karotte, im Südwesten (Schweiz, Liechtenstein) das Rü(e)bli. Nördlich davon, in Bayern und

Baden-Württemberg beginnt die Gelbe-Rüben-Zone.[1] In Vorarlberg, Österreichs westlichstem Bundesland, mischen sich die drei bereits genannten Begriffe, wobei Karotte dort nicht häufig ist.

Eine Karotten-Spur zieht sich allerdings gen Norden, um die Stadt Mainz (Grenzgebiet zwischen Rheinland-Pfalz und Hessen) liegt eine deutliche »Karotten-Insel«.

Nördlich davon (Sachsen, Thüringen, Hessen, Nordrhein-Westfalen) erstreckt sich ein Möhren-Gürtel von Ost nach West (oder umgekehrt), im Nordwesten Deutschlands herrscht die »Wurzel« vor, im Nordosten (Brandenburg, Mecklenburg-Vorpommern) die Mohrrübe, nur auf Rügen scheint es wieder eine Karotten-Enklave zu geben.

Das Forschungsteam verglich die Verbreitungsräume auch mit einer älteren Untersuchung, aus dem »Wortatlas der deutschen Umgangssprachen« (4 Bände, 1977–2000) und konnte so Veränderungen über einen Zeitraum von ca. 50 Jahren dokumentieren. Auffallend ist der Rückgang des Begriffs »Wurzel« in Mecklenburg-Vorpommern, dort hat die Mohrrübe übernommen, ebenso spielt die Möhre neuerdings eine Rolle.

Auch in Österreich gab es Sprachwandel: Im Osten des Landes war die Möhre in den 1970ern noch eine gleichberechtigte Variante neben der Karotte. Nicht im »Wortatlas«, aber empirisch untersucht: Der Begriff Mur-

1 Natürlich haben wir uns die Frage gestellt, wie denn die Gelbe Rübe, wie wir sie aus unserem Suppengemüse kennen, in der Gelben-Rüben-Zone genannt wird. Die Befragung eines Bad Tölzers ergab Folgendes: Erstens längeres Nachdenken der befragten Person nebst überraschtem Gesichtsausdruck. Zweitens: »Na, gelbe Gelbe Rübe!« – Womit die Frage, die sich in der Gelben-Rüben-Zone kaum jemand zu stellen scheint, hinlänglich geklärt wäre.

kerl bezeichnete damals noch die niederösterreichische Karotte. Zumindest bezeugen das nicht mehr ganz junge Ostösterreicher:innen. Im südburgenländischen Dialekt ist das Murkerl übrigens die Muaggen, und das Murkerl ist dort eine Gurke. Alles klar?

Warum aber die Sprachveränderungen? Die Wissenschaft führt sie darauf zurück, dass die Karotte und die Möhre als »moderne« hochsprachliche Begriffe gelten, die auch in der Lebensmittelindustrie etabliert sind. Tiefkühl-Wurzeln gibt es nicht, auch keine eingelegten Murkerl aus Großproduktion.

Die Möhre und das Murkerl können die Verwandtschaft mit den slawischen Wörtern *mrkev* (tschech.), *mrkva* (slowakisch, kroatisch) und natürlich dem russischen *morkov* nicht leugnen. Auf Rumänisch heißt die Karotte, auch verwandt, *morcov*.

Das Serbische tanzt aus der Reihe: Dort ist die *šargarepa* zuhause, die Gelbe Rübe, die auch im Ungarischen *(sárga repa)* das Murkerl bezeichnet. Grob gesehen kann man sagen, dass die Möhre und die Bezeichnungen für Karotte in den slawischen Sprachen dieselbe Wurzel haben.

Um noch einen genaueren Blick auf die sprachliche Wurzel der Wurzel zu werfen, kann das »Mittelhochdeutsche Taschenwörterbuch« zurate gezogen werden. Es vermeldet zu *morhe, morche, more* und *morch* die Bedeutungen Möhre, Mohrrübe und Morchel (!). Letzteres, so die Forschung, könnte als Verkleinerungsform vom althochdeutschen *mor(a)ha* stammen, das der *morhe* voranging. Eine *morhel* oder *morchel* wäre also eine kleine Möhre. Die Ähnlichkeit einer Morchel mit einer Karotte, wie wir sie kennen, ist enden wollend. Bei der Wilden Möhre oder weißen Formen sieht die Sache schon etwas anders aus. Bedenkt man das Aussehen des gefragten Speisepilzes – weißer Stiel mit wabenartig strukturiertem, teils dunklerem und breiterem Kopfteil, so könnte man mit etwas Fantasie an eine helle Wurzel erinnert werden, wobei der oberirdische Blattteil dem Kopf der Morchel entspräche. Tatsächlich könnte man beim Anblick der Fruchtdolde der Wilden Möhre, die sich aus dem schirmförmig aufgespannten Blütenstand bildet und in fortgeschrittenem Alter vogelnestartig kugelig nach oben zusammenzieht, tatsächlich an die Form eines Morchelkopfs erinnert werden. Die Ableitung ist also nicht vollkommen von der Hand zu weisen. Kleines Detail am Rande: Durch einschlägige Pflanzenforen toben Konflikte über die politisch korrekte Verwendung des Begriffs Mohrrübe. Darf man die Karotte überhaupt noch so nennen? Wir sagen ja. Mit der Ableitung vom althochdeutschen *mor(a)ha* kann die Mohrrübe vom Verdacht des Rassismus freigesprochen werden. Dass man sich seinerzeit über die sogenannte Mohrenblüte, das Erkennungszeichen der Wilden Möhre (mehr dazu auf S. 11), eine Art sprachliche Eselsbrücke für die eindeutige Bezeichnung baute, ist eine lässliche Sünde. Außerdem hat die Welt derzeit wirklich andere Sorgen.

Was aber ist jetzt mit der Karotte? – Der Begriff hat griechischen bzw. lateinischen Ursprung. Auf Griechisch hieß das Wurzelgemüse καρωτόν *(karotón),* auf Lateinisch *carota*. Einige Linguisten leiten *karotón* von griech. *kár*, Laus, ab. Die lausgroßen Samen der Wilden Möhre haben Widerhaken, die leicht in Tierfellen (oder an Kleidung) hängen bleiben. Andere wiederum leiten von *káro*, Kopf, her. Auch nicht abwegig, denn die *Arteria carotis*, die sich teilende Hauptschlagader, die den Kopf (!) mit Blut versorgt, kann von ihrer Form her durchaus als eine Art »Wurzel« gesehen werden, die unser Oberstübchen mit allem Essentiellen versorgt.

Jedenfalls zieht sich *carrot, carotte, carota, karóto* von den britischen Inseln über Frankreich und Italien bis nach Griechenland, also eher durch die romanischen Sprachen. Große Ausnahme: Im Spanischen heißt die Wurzel *zanahoria*, was aus dem Arabischen kommt und, um die Verwirrung perfekt zu machen, vom griechischen Begriff für die Wilde Möhre σταφυλίνη ἀγρία *(staphulínē agría)* abgeleitet wird. Die Mauren brachten nicht nur das Wort nach Europa, sondern auch dunkel gefärbte Karotten.

Dass Karotte im Walisischen *moron* heißt, so wie der englische Idiot, ist eine interessante Parallele zu den ungarisch-sprachigen Rumänen, die das Wort für Karotte, *murok*, ebenfalls für Menschen benutzen, denen sie einen aus welchem Grund auch immer nicht ganz auf der Höhe befindlichen Geisteszustand zuschreiben.

In Dänemark, Norwegen und Island verwendet man *gulerod, gulrot, gulrót*, also Gelbe Rübe, um das Wurzelgemüse zu benennen. Dass die Karotte aber nicht immer orange oder gelb war, belegt ein Blick in ihre äußerst bunte Vergangenheit.

## ROOTS ODER: ZURÜCK IN DIE ZUKUNFT

*Daucus carota ssp. sativus*, unsere zur Familie der Doldenblütler *(Apiaceae)* gehörende allseits bekannte Karotte, hat eine einigermaßen verworrene Vergangenheit: Ein genetischer Elternteil der orangen Speicherwurzel ist die Wilde Möhre *(Daucus carota L.)*. Bereits vor ca. 10.000 Jahren, im Neolithikum, gab es davon erste Samenfunde außerhalb Europas, in Schweizer Pfahlbauten fand man Samen, die über 4.000 Jahre alt waren. Und nahezu jede und jeder von uns hat ihre oberirdischen Teile schon einmal gesehen, denn die bis zu 1 m hohe Pflanze wächst heute nahezu überall: im Wald, auf offenen Flächen, auf kargen, sandigen Böden, aber sie wurde auch schon auf saftigeren Wiesen gesichtet. Sie kommt in fast ganz Europa, in Nordafrika und Teilen Asiens vor, als Neophyt hat sie sich aber bereits auf Weltreise begeben und besiedelt Savannen- und Trockenwaldzonen.

Spektakulär sind ihre doppeldoldigen Blüten, die sich von Mai bis Oktober wie weiße Schaumkissen ausbreiten. Eindeutiges Erkennungs- und Abgrenzungszeichen zu anderen Doldenblütlern ist eine einzelne dunkelviolett bis schwarz gefärbte Blüte inmitten der weißen. Die sogenannte Mohrenblüte (die nichts mit der Bezeichnung Möhre zu tun hat) imitiert ein nektarsaugendes Insekt und soll weitere Bestäuber anlocken – eine geschickte »Werbestrategie« der Natur.

Die Pfahlwurzel der Wilden Möhre reicht bis zu 80 cm tief in den Boden, ist verästelt und weiß. So weiß wie die Wurzel der Pastinake, von der die Karotte in antiken Schriften oft nicht unterschieden wurde. Deshalb ist es schwer festzumachen, ob die Griechen und Römer Karotten oder Pastinaken zu sich nahmen. Dass sie das Wurzelgemüse sehr schätzten, steht aber außer Zweifel, und zwar als Nahrungs- wie auch als Heilmittel. Der griechische Arzt Pedanios Dioskurides (1. Jahrhundert) beispielsweise beschreibt einzelne Teile der Wilden Möhre *(staphylinos)* als Umschlag gegen Geschwüre, bei Ödemen, bei Brustfellentzündung, als menstruationsauslösend, ab- und harntreibend. Er erwähnt auch, dass es eine im Garten gezogene Form gebe, die der Wildform in ihrer Heilwirkung aber unterlegen sei. Vermutlich war auch die (creme-)weiß, denn im Mittelmeerraum existierte eine solche Form. Die Römer, so der griechische Arzt weiter, würden die Wurzel *pastinaca* oder *carota* nennen.

Die Wurzelverwechslung und Begriffsverwirrung zieht sich durch das gesamte Mittelalter. In manchen Schriften, beispielsweise der »Landgüterverordnung«

Karls des Großen aus dem Jahr 812 wird zwischen Pastinake und Karotte unterschieden – der Herrscher empfahl den Anbau beider Pflanzen. Andere wiederum warfen alle in einen Topf: Ein schönes Beispiel dafür ist das »New Kreüterbuch« des Leonhart Fuchs (1543). Unter dem Eintrag »Von Pastnachen« findet man die »Zam Pastiney«, worunter eine rote Form fiele, die »Carota« genannt würde, aber auch »rot Ru(e)ben« oder »zam rot Pastiney«. Die Wurzel der abgebildeten Pflanze ist übrigens oben dunkel (»braunrot«), unten aber weiß. Die andere »zahme« Form sei die »geel Ru(e)ben« oder »zam geel Pasteney« mit auch in der Illustration ersichtlicher braun-gelblicher Wurzel. Die »wilde Pasteney« hingegen ist mit dünner weißer Wurzel abgebildet, die Blütendolden eindeutig mit Mohrenblüte.

Dem Durcheinander ein endgültiges Ende setzte der schwedische Naturforscher Carl von Linné (1707–1778), der Pastinake und Karotte trennte in *Pastinaca sativa* und *Daucus carota*.

Woher aber kommen die bei Leonhart Fuchs beschriebenen »roten« und »gelben« Karotten?

Dazu müssen wir wiederum 600 Jahre zurückreisen und uns von Europa ins sogenannte iranische Hochland (auch Persisches Plateau genannt, es umfasst Teile des Irans, Afghanistans, Aserbaidschans, Pakistans, Turkmenistans) begeben, vor allem aber nach Afghanistan. Dort wurden im 10. Jahrhundert Karotten kultiviert – die Wurzeln waren dunkelviolett bis schwarz oder gelb und viel dünner als die heutigen Karotten. Sie gelangten ab dem 11. Jahrhundert mit den Arabern nach Spanien und ab dem 14. Jahrhundert auch nach China, Indien und Japan.

Die leuchtend orange Wurzel ist eine Nachzüglerin: Vermutlich aus der gelben Karotte mit Kreuzungen der im Mittelmeerraum beheimateten weißen Form und der Wildform züchteten die Niederländer die allseits bekannte orange Karotte. Dass sie dies zu Ehren der »Hausfarbe« ihres Prinzen Wilhelm von Oranien (1533–1584) taten, gehört heute ebenso ins Reich der Legende wie das Gerücht, die Züchtung in »Flaggenfarbe« wäre als Akt des Widerstandes gegen die spanische Besatzung entstanden. Wenn man natürlich bedenkt, dass die Karotten aus Spanien vormals eher dunkel oder gelb waren, wäre das eine äußerst subtile Form des Freiheitskampfes gewesen – und eine sehr unwahrscheinliche. Viel eher könnte es darum gegangen sein, das Wurzelgemüse durch die kräftig leuchtende Farbe beliebter zu machen. Karotten wurden damals nämlich gerne als Tierfutter verwendet und standen nicht unbedingt auf dem menschlichen Speiseplan.

Das »Reframing« mittels Farbgebung dürfte funktioniert haben, denn die orange Wurzel tauchte ab dem 16. Jahrhundert in den Gemälden niederländischer Künstler auf. In den diversen Marktszenen des in Antwerpen ansässigen Pieter Aertsen beispielsweise sieht man die kräftig orangen Wurzeln neben dunkleren, es finden sich auch deutlich kürzere runde Exemplare neben längeren Karotten – ein Zeichen dafür, dass schon mehrere Sorten existierten. Zur selben Zeit bildete auch Joachim Beuckelaer verschiedenfärbige Karotten in Markt- und Küchenszenen ab. Die Popularität niederländischer Stillleben war auch im 17. Jahrhundert ungebrochen – an Karotten-Abbildungen mangelte es nicht. In Kochbüchern des 18. Jahrhunderts hatte die Karotte ihre »Nebenrolle« bereits abgelegt und tauchte als Hauptspeisenzutat auf – und sie schaffte es in die Frisuren-Mode. Die adelige Dame von Welt trug damals Kopfputz: Die oftmals über Holzgerüste gezogenen Turmfrisuren waren nicht nur mit Blumen geschmückt. Auch Obst und Gemüse wurden erhobenen Hauptes zur Schau getragen, darunter gern Karotten, deren gefiederte Blätter als Federn-Ersatz zum Einsatz kamen.

Auch der belgische Surrealist René Magritte nahm sich der Karotte an. Ab 1951 taucht sie gemeinsam mit einer Flasche in immer wiederkehrenden Variationen auf. Magritte verschmilzt Gegenstände mit zufälligen Ähnlichkeiten – hier in der Form – in traumartigen Bildern zu neuen Gegenständen. In diesem Fall zu einem Objekt mit Flaschenboden, das oben in eine Karottenspitze mündet. Die Assoziation mit einem Raketensprengkopf scheint in Zeiten wie diesen naheliegend.

Die (orangefarbene) Karottenzüchtung der Niederländer verdrängte, bis auf die Gelbe Rübe, im 20. Jahrhundert so gut wie alle anders gefärbten Verwandten. Mit der Rückbesinnung auf alte Gemüsesorten sind die bunten Wurzeln aber zurückgekehrt: Es gibt Rück- und Neuzüchtungen mit fantasievollen Namen (vgl. S. 16) und vielfältigen feinen Geschmacksnuancen. Die Karotte hat eine bunte Zukunft. Und wir mit ihr.

## MEHR FARBE BEIM KOCHEN ODER: WURZELN ZUR WELTRETTUNG

Karotten können dabei helfen, die Welt zu retten – jedenfalls sieht das Werner Meisinger so, der mit seinen kulinarischen Gerichtsberichten in der österreichischen Wochenzeitung *Falter* immer wieder viel Freude bereitet. Wir können ihm nur Recht geben: Bei der Erzeugung von 1 kg Karotten entsteht nur 0,1 kg $CO_2$-Äquivalent – im Vergleich dazu sind es bei Reis 6,2 kg, bei Kartoffeln immerhin noch 0,62 kg. Die negativen Spitzenreiter in puncto Fußabdruck – auch wenn bio – sind Rindfleisch 20,4 oder Butter 10,7 (stammen die Produkte aus konventioneller Landwirtschaft, sind die Werte ca. 10–20 % höher). An die Karotte kommt also (fast) nichts heran.

Grund genug, sie auch im eigenen Garten wachsen zu lassen, falls man einen solchen sein Eigen nennt.

Welche Sorte(n) man bevorzugt, ist natürlich Geschmackssache. Allein in Europa gibt es über 300 Karottensorten, es empfiehlt sich aber das Studium von Sortenhandbüchern (z.B. das der Arche Noah, eines Vereins, der sich um den Erhalt der Artenvielfalt alter Obst- und Gemüsesorten kümmert), um einen Überblick zu bekommen.

Karotten unterscheiden sich nicht nur in ihren Farben, sondern auch in Form und Erntezeitpunkt: Es gibt die Früh- oder Treibkarotten, kleine runde (z.B. Sorte »Pariser Markt«, »Rondo«, »Early Horn«) oder längliche Sorten (»Amsterdamer«), die schon nach 60–90 Tagen geerntet werden können. Sommerkarotten können nach 120–140 Tagen geknabbert werden, sie schmecken am besten frisch. Sogenannte Lagerkarotten brauchen 140–190 Tage zum Reifen und bringen uns kulinarisch über die kalte Jahreszeit.

Was die Frage nach dem unterschiedlichen Geschmack der bunten Wurzeln betrifft, kann in diesem Rahmen nur eine Orientierungshilfe gegeben werden, denn auch Klima, Witterung und Bodenbeschaffenheit geben Geschmack. Auch bei den Karotten spielt also das Terroir eine Rolle: Im Sommer 2020 verkostete man im Rahmen eines »Koch.Campus« von österreichischen Biolandwirten und Spitzenköchen Karotten einer einzigen Sorte, die zur selben Zeit an sechs verschiedenen Standorten ausgesät und zur selben Zeit geerntet worden waren. Die Blindverkostung des Karottensaftes zeigte, dass der Saft von Exemplaren nur eines Standortes ein deutliches Wassermelonen-Aroma vorzuweisen hatte – ein absolutes Alleinstellungsmerkmal, das man eben nur dem Terroir – also Landschaft, Bodenbeschaffenheit, Klima und Mikroklima – zuschreiben kann.

Grundsätzlich lassen sich Karotten mit vielerlei Begriffen charakterisieren: Sie können fruchtige Aromen verströmen – neben der genannten Wassermelone auch solche von Birne, Mango oder Zitrusfrüchten – oder gemüsige Noten wie Sellerie oder Erbse. Sie können erdig, grasig, heuig, würzig oder nussig anmuten, parfümiert oder an Honig erinnern. Und süß, aber auch säuerlich oder bitter schmecken.

Bei **orangen Karotten** dominiert meist die Süße und »Frische« – zumindest bei den Früh- und Sommerkarotten. Von Letzteren gibt es unzählige Sorten, hervorzuheben ist die alte Sorte »Ochsenherz«, die bis zu 10 cm breit und 15 cm lang werden kann. Auch Größenweltrekorde werden mit dieser Karotte erzielt.

**Rote Wurzeln** heißen etwa »Atomic Red«, »Chantenay Rouge« oder »Red Elephant«, sind aromatisch und ebenfalls eher süß.

**Weiße Sorten** sind meist mild im Geschmack, z.B. »Küttiger Ruebli«, und haben manchmal einen grünen »Kragen«.

**Gelbe Karotten** werden eher spät reif und sind gut lagerbar. Sie tendieren zu herbem Geschmack und weisen manchmal sogar etwas Schärfe auf. Sie hören u.a. auf so klingende Namen wie »Yellowstone«, »Gelber Goliath« oder »Gelbe Pfälzer«.

**Violette Karotten** haben erdig-nussige Anklänge, manchmal sind sie eine Spur pfeffrig. Die Haut kann von dunkelviolett bis rötlich changieren und sie haben einen hellen, gelben oder orangen Kern. Sie heißen »Syrische Violette«, »Gniff« oder »Zanahoria Moranda«, aber auch »Cosmic Purple«, »Purple Dragon« oder »Purple Haze«. Und nein, Jimi Hendrix hat im gleichnamigen Lied keine Karottensorte besungen.

Für Karotten aus dem Supermarkt gilt: Das Plastik entfernen, falls die Wurzeln in einem solchen verpackt waren. Im Gemüsefach des Kühlschranks halten sie etwa 3 Wochen, möglichst vermieden werden soll der Kontakt mit Obst und Gemüse, das nachreift (Tomaten, Birnen, Äpfel etc. – aber die haben im Kühlschrank ohnehin nichts verloren). Das Karottengrün vor der Lagerung entfernen (man kann es aufessen, z.B. mittels Karottengrün-Pesto mit Haselnüssen von S. 45). Erdreste können dran bleiben, sie erhöhen die Lagerdauer. Auch ein feuchtes Tuch (so wie bei Spargel) hält die Wurzeln frisch. Im Keller halten sich entsprechende Karottensorten auch über den Winter – am besten in einer Kiste mit Sand (Sandschicht, Karottenschicht, Sandschicht, Karottenschicht etc.).

Karottenscheibchen zu blanchieren und einzufrieren, funktioniert wunderbar, im Tiefkühler können sie bis zu 9 Monate bleiben. Achtung: Violette Karotten verlieren beim Blanchieren ihre Farbe. Hier empfiehlt sich das Dämpfen vor dem Einfrieren.

Und beim Kochen? Karotten mögen als Gewürz andere Doldenblütler, z.B. Kümmel und Kreuzkümmel, Anis, Petersilie oder Koriander. Sie passen aber auch zu Wacholder (etwa in der Karottensuppe mit Gin S. 41). Sie harmonieren mit anderen Wurzelgemüsen (mit Pastinaken in der Karottensuppe mit Bier S. 41). Sesamsamen sind geniale Aromapartner, in diesem Büchlein nachkochbar in Form von Karotten-Sesam-Kipferln (S. 33) oder einem Karotten-Saaten-Knäckebrot (S. 35).

Unter den Zitrusfrüchten ergeben sie besonders mit Orangen eine geniale Kombination – zu finden im Rezeptteil in Form von Karotten-Blutorangen-Taboulé (S. 37).

## MYTHOS UND WAHRHEIT ODER: WAS STECKT IN DER KAROTTE?

Wie alle Rüben gab/gibt die Karotte Stoff für allerlei Absurditäten. Manche davon haben einen durchaus einleuchtenden Kern, zum Beispiel wenn es darum geht, sich den richtigen Zeitpunkt für die Aussaat zu merken: Wer die Samen, so lehrt uns das »Handwörterbuch des deutschen Aberglaubens«, während des Sternzeichens der Fische in die Erde bringe, der könne mit guter Ernte rechnen. Nicht nur ähneln dicke Karotten Fischen, Ende Februar bis gegen Ende März kann tatsächlich schon gesät werden – zumindest frühe Sorten, die ab Mai reif werden. Wird hingegen während der Zeit des Krebses (Ende Juni und Juli) gesät, so sagt man, würde das nichts mit dicken Wurzeln, sie würden sich verzweigen.

Auch das dem Element Erde und dem Pflanzenteil Wurzel zugeordnete Sternzeichen der Jungfrau gilt als günstig für die Karottenaussaat. Gemeint sind dabei die Tage, in denen der Mond im Laufe seines Zyklus von 29,5 Tagen das Sternbild durchläuft, weniger die dem Tierkreiszeichen zugeordneten Monate. Allerdings berichten einschlägige Garten-Websites zumindest von Aussaaten bis in den August hinein, um auch in der kühlen Jahreszeit an frischen Wurzeln knabbern zu können. Und wer weiß, vielleicht lässt der Klimawandel ja auch bald Aussaaten im September zu für eine Ernte zu Weihnachten.

Interessant ist der Gedenktag des Hl. Benedikt (von Nursia): Da würden die Karotten »benedick« – dick wie Beine. Der Tag des Hl. Benedikt wird seit 1970 am 11. Juli gefeiert – als Aussaat-Tag wenig vielversprechend. Sinn macht die Regel, wenn man sie am 21. März anwendet, dem ursprünglichen Gedenk- und Todestag des Heiligen. Da der oft in die Karwoche fiel, verlegte man ihn, um Feiertags-Kulminationen zu verhindern, flugs in den Sommer. An die Karotten dachte dabei niemand.

Aber auch später im Jahr kann man einiges für eine gute Ernte tun: Am Pfingstmorgen, so geht die Mär, solle man sich nackt im Feld wälzen. Also nichts wie raus in den Garten – die Nachbarn werden sich freuen. Und sind die Wurzeln erst einmal reif, eignen sich die Felder zur Weissagung: Befindet sich inmitten eines Feldes oranger oder gelber Karotten ein weißes Exemplar, so deute dies auf den Tod eines zentralen Familienmitglieds hin, eine weiße Karotte am Feldrand auf den eines entfernteren Verwandten. Wir empfehlen, nicht so genau nachzusehen.

Wenn es darum geht, beim Verspeisen von Karotten – abgesehen von der Nährstoff- und Vitaminzufuhr – Nutzen zu ziehen, so bieten sich Silvester und Neujahr an. Die gelben Scheibchen symbolisieren Glück und einen nie versiegenden Geldstrom. Man kann es ja probieren, zum Beispiel mit dem Karotten-Zimmes von S. 43.

Absurd erscheinen auch einige Heilmethoden, für die Karotten herangezogen wurden. Die folgende Gelbsucht-Behandlung verlangte jedenfalls Geschick und Akrobatik: In eine gelbe Karotte wurde ein Kanal gebohrt, dort hinein füllte man den Harn des Kranken und hängte die Wurzel in den Rauchfang. Sobald diese vertrocknet war, so sagte man, sei auch die Krankheit verschwunden. Einfacher war es da schon, den Absud zu trinken – dass der harntreibend wirkte und bei Leber und Nierenleiden förderlich war, wusste man schon in der Antike.

War der medizinale Aspekt beim Karottenverzehr bis ins Mittelalter vordergründig, so verspeiste man sie später vor allem des Genusses wegen. Letzterer schmälert aber nicht den positiven Effekt, den die Inhaltsstoffe der Wurzel auf unseren Körper haben können.

26 Kalorien, 4,8 g Kohlenhydrate (2 g davon Zucker), 1 g Eiweiß, 0,2 g Fett und dazu noch Vitamine, Ballast-

stoffe, sekundäre Pflanzenstoffe etc. – das alles steckt in 100 g Karotte. Der Rest ist Wasser. Unter den Vitaminen zählen C, B-Vitamine (B1, B2, Niacin, Panthothensäure, B6, Biotin), Vitamin E und Folsäure zu den inneren Werten der Karotte. Aber war da nicht auch noch das Vitamin A, dessentwegen uns unsere (Groß-)Eltern Unmengen der orangen Wurzeln fütterten? Es steckt über den »Umweg« des Beta-Carotins (etwa 7800 µg pro 100 g) in der Rübe und ist die Vorstufe zum Vitamin A. Unser Körper wandelt vom Beta-Carotin um, was er davon für den Vitamin-A-Bedarf braucht – und das sind bei einer erwachsenen Frau 700 µg täglich, beim Mann 850 µg. Dividiert man den Beta-Carotin-Wert von 100 g Karotte durch sechs, erhält man die Menge an Vitamin A (1300 µg pro 100 g), die daraus entsteht. Vor einer Überdosierung mit Vitamin A braucht sich beim Karottenverzehr übrigens niemand zu fürchten (man isst ja schnell mal mehr als 1–2 Karotten). Der Körper wandelt einfach nicht mehr Beta-Carotin um, als er benötigt. Vitamin-A-haltige Nahrungsergänzungsmittel können hingegen theoretisch zu einer Überdosierung mit Vergiftungserscheinungen führen. Außerdem sind viele Softdrinks mit Beta-Carotin versetzt: Es verbirgt sich nämlich hinter dem in der EU zugelassenen Lebensmittelfarbstoff E 160. An Mangel an Vitamin A wird in der industrialisierten Welt also kaum jemand leiden.

Und was kann Vitamin A? Es beteiligt sich am Zellwachstum und am Funktionieren unseres Immunsystems, sorgt für gesunde Haut und Schleimhäute und ist am einwandfreien Sehvorgang beteiligt sowie an einer guten Embryonalentwicklung. Damit es der Körper wirklich aufnimmt, muss es gemeinsam mit Fett verspeist werden. Der pure Karottensaft nützt in puncto Beta-Carotin-Umwandlung also nichts. So weit zur Chemie.

Aber auch die Physik leistet Großes, wenn es um die Vitamin-A-Versorgung durch die Wurzel geht – man soll sie nämlich tunlichst zerkleinern: Laut einer Studie, deren Ergebnisse 2002 im *European Journal of Clinical Nutrition* veröffentlicht wurden, ist die Aufnahme von Beta-Carotin beim Genuss geriebener Karotten sieben Mal höher (21 %) als bei nur grob geschnittenen (3 %). Und im gekochten Zustand erhöht sich die Provitamin-A-Aufnahme noch einmal (27 %). Hoch leben die Karottensuppen (zum Beispiel jene ab S. 39) und nahezu alle unsere Süßspeisen (ab S. 51)!

Apropos Suppe: Die Ballaststoffe, die sich in der Karotte tummeln, sind zweierlei: die löslichen, welche zu einer Art Gel aufquellen, wenn sie mit Flüssigkeit in Berührung kommen – sie nähren die Darmflora; und die unlöslichen, welche die Darmflora regulieren. Pürierte Karottensuppe bei Magen-Darm-Unpässlichkeiten zu verabreichen, ist also prinzipiell eine gute Idee. Das wusste schon der ursprünglich aus Laibach stammende Kinderarzt Dr. Ernst Moro (1874–1951), der sein Medizinstudium in Graz absolvierte, in Wien Assistenzarzt am St.-Anna-Kinderspital war und dort auch ein Säuglingsheim gründete. Ab 1911 war er Professor an der Universität Heidelberg und Direktor einer Kinderheilanstalt. Im Zuge seiner Arbeit veröffentlichte er ein Rezept für eine simple Karottensuppe, welche die Durchfallerkrankungen, von denen die Kinder oft geplagt wurden, deutlich abmildern konnte. Seither gehört die *Moro'sche Karottensuppe* zum Standard-Hausmittel bei Darmbeschwerden. Erst in den letzten Jahren hat man erforscht, warum die Suppe hilft: »Zaubermittel« sind die sogenannten Oligogalakturonsäuren, die durch die Spaltung der Moleküle beim langen Kochen der Suppe entstehen. Diese Kohlenhydrat-Moleküle besetzen jene Rezeptoren, an welchen die Bakterien (z.B. Coli-Bakterien) andocken, um ihre unheilvolle Wirkung zu entfalten. Die Bakterien werden auf diese Weise einfach blockiert. Was für den Menschen gilt, hilft in diesem Fall auch den Tieren: Der Einsatz von Antibiotika gegen Durchfallerkrankungen konnte in Zuchtbetrieben durch das Füttern von Karottensuppe deutlich reduziert werden. Sie ist übrigens auch für Hund und Katz gut: Die fressen sie aber lieber, wenn etwas gekochtes Fleisch drin ist.

Wie die Suppe gemacht wird? Denkbar einfach: Die entsprechende Karottenmenge schälen und mit der doppelten Menge Wasser (also bei 500 g Karotten 1 Liter) bis zu 90 Minuten kochen. 1 gestrichenen TL Salz dazu, pürieren, nochmals auf 1 Liter mit Wasser ergänzen. Fertig.

Wer (viel) zu viel von der Karottensuppe erwischt, könnte eine orange getönte Gesichtshaut bekommen. Das Beta-Carotin wird nämlich in der Haut gespeichert und bildet dort einen Sonnenschutz bis etwa Lichtschutzfaktor 4. Carotinämie nennt man die Verfärbungen, die auch die Gliedmaßen betreffen können – und sie ist völlig ungefährlich. In Großbritannien wurde die Carotinämie eine Zeit lang *Sunny Delight syndrome* genannt: In den 1990ern gab es dort nämlich Aufruhr um das gleichnamige mit Beta-Carotin versetzte Getränk. Ein Mädchen »verfärbte« sich nach exzessivem Genuss orange. Wie gesagt – eine harmlose Sache. Viel bedenklicher scheint, dass Sunny Delight als Orangensaft vermarktet wurde, der er definitiv nicht war. Er enthielt nur etwa 5 % Zitrus-Bestandteile.

Wer weiße Karotten verzehrt, entgeht dem Phänomen der »Umfärbung«, denn sie enthalten keine entsprechenden Farbstoffe, weshalb sie von manchen Menschen, die auf Karotten allergisch reagieren, vertragen werden. Vorsicht ist aber geboten.

Und bunt geht es weiter: Besonders in violetten (bis fast schwarzen) Karotten stecken Anthocyane (als E 163 als färbender Lebensmittelzusatzstoff zugelassen). Diese sekundären Pflanzenstoffe sind Radikalfänger und wirksam gegen Alterungsprozesse. In der Türkei sind die dunklen Wurzeln wesentlicher Bestandteil von *Şalgam,* einem milchsäurevergorenen Getränk, das als Aperitif gemeinsam mit Raki getrunken wird. Die leberstärkenden Eigenschaften der Karotte sind in dieser Kombination sicher von Vorteil. Anthozyane sind übrigens wasserlöslich – ein Risotto bekommt durch violette Karotten eine tolle Farbe. Kocht man die Wurzeln in Salzwasser und schüttet es weg, sind auch die Anthozyane futsch.

Besonders gelbe Karotten enthalten Lutein, einen weiteren zu den Carotinoiden gehörenden Pflanzenfarbstoff (E 161b). Es wird als entzündungshemmend und als förderlich für die Gesundheit der Augen angesehen, besonders bei Makuladegeneration.

Die roten Exemplare enthalten Lycopin (E 160d), das auch in Erdbeeren, Wassermelonen oder Tomaten zu finden ist. Es kann sich positiv auf Herz und Gefäße auswirken und das LDL-Cholesterin senken.

Vom medizinischen Gesichtspunkt her lässt sich mit der Karotte also so manches Übel an der sprichwörtlichen Wurzel packen. Dass sie auch Stoff für Kurioses bietet und sogar Protagonist einer Oper ist, lässt durchaus auf ihre Beliebtheit schließen.

## KURIOSE WURZEL ODER: CLARK GABLE UND DAS KAROTTENBALLETT

Nigel Slater, genialer Koch, Journalist und Verehrer von Gemüse, mag keine Karotten. Zumindest keine orangen. Er akzeptiert sie als Basisgeschmack, als Sockel für allerlei Fleischliches, aber das ist es auch schon. Als Kind sah er das noch anders: »Als Achtjähriger fand ich Karotten, nach den Erbsen, das einzig wahrhaft akzeptable Gemüse. Aber selbst dafür gab es Regeln. Wenn sie meine Lippen passieren sollten, mussten sie in kleine Würfel geschnitten sein, in der gleichen Größe wie Erbsen, und vorzugsweise gleichzeitig serviert werden, sodass beide die Gabel teilen konnten. Die tiefgefrorene Gemüsemischung beider Arten von der Firma Bird's Eye muss meiner Mutter wie Manna vom Himmel vorgekommen sein.«

Tatsächlich steckt die Karotte fest in unseren Kinderschuhen. Wie bei Slater formverändert in Mischgemüse, oder – für die ganz Kleinen – püriert. Den »Mohrrübenbrei« als Symbol für das vermeintlich lustferne Leben von Jungeltern serviert der Autor und Übersetzer Gisbert Haefs seiner rezenten Verflossenen in einer bitterbösen Ballade. Während er Koteletts und »süßen Wein« zu sich nimmt (anscheinend in größeren Mengen), wünscht er seiner Ex, die ihn wegen eines anderen verlassen hat, nichts Gutes:

»Zum Nachtisch denk ich an dich und grinse dabei;
Und weil mir nichts Besseres einfällt als dies,
wünsch ich dir die Krätze und die Syphilis
und Kinder und Läuse und Mohrrübenbrei.«

Der Nebenbuhler, das »Mohrrübenschwein«, kommt in der Ballade auch nicht gerade gut weg.

Fleisch gegen Karotte spielt auch die Fastfood-Kette Arby's aus: Dort gibt es, ganz im Gegensatz zur Beyond-Meat-Bewegung von berühmten Branchen-Konkurrenten, die »Marrot«, eine Karotte, die aus Putenbrust zurechtgeschnippelt und in Karottenpulver gewälzt ist. Das Grün gibt die Petersilie. Der fleischverzehrende Gisbert Haefs hätte sich vielleicht darüber gefreut. Wir tun es nicht.

Sind die Kinder über die Brei-Phase hinaus, kommt, dank Warner Bros. ein Tier ins Spiel, das seit 1940 quasi nonstop an der orangen Rübe knabbert: der coole Hase Bugs Bunny. In der Regie von Tex Avery entwischt das smarte Langohr dem Jäger Elmer Fudd immer wieder. Daran können sich viele von uns erinnern. Weniger bekannt ist, dass die Art und Weise, wie Bugs Bunny seine Karotte knabbert, einem menschlichen Schauspieler-Kollegen nachempfunden ist. Niemand geringerer als Clark Gable labt sich in der Screwball-Comedy »Es geschah in einer Nacht« (Originaltitel: »It Happened One Night«) aus dem Jahr 1934 an rohen Karotten – seine Filmpartnerin Claudette Colbert ist davon weniger begeistert. Der Bugs-Bunny-Zeichner Chuck Jones war es umso mehr: Er verlieh dem Hasen Gestik und Mimik des berühmten Vorbilds. »It Happened One Night« gewann fünf Oscars, der langohrige Karottenvertilger bekam von TV Guide 2002 zumindest die Auszeichnung für die beste Zeichentrick-Figur – und einen Stern auf Hollywoods »Walk Of Fame«.

Karotten von gewaltigem Ausmaß lässt eines der Kinder mit den außergewöhnlichen Fähigkeiten in Tim Burtons Film »Die Insel der besonderen Kinder« (nach dem Roman von Ransom Rigg) wachsen – sehr praktisch, wenn es darum geht, das Haushaltsbudget von Miss Peregrines Waisenhaus, in dem die Kinder leben, zu schonen.

Es gibt also riesenhafte Rüben – aber auch einen Riesen, der die Rübe im Namen trägt: Die Märchenfigur Rübezahl lebt im Riesengebirge, dem Grenzkamm zwischen Polen und Tschechien. Der Name des Gebirges kommt übrigens nicht von der Märchengestalt, sondern von den »Riesen«: Das waren Holzrinnen, in denen Baumstämme talwärts geschickt wurden. Die Gegend ist – laut Karottenbegriff-Gebrauchsumfrage siehe S. 6 – eindeutig Gelbe-Rüben-, Möhren- bzw. Mohrrüben-Gebiet. Illustrierte Märchenbücher zeigen oft die orange Wurzel. Ob Rübezahl nun tatsächlich nach der

Karotte benannt ist oder nach einer Rüben-Verwandten, kann nicht eindeutig geklärt werden. Johann Karl August Musäus erklärt die Namensgebung 1783 folgendermaßen: Der Riese entführt die Königstochter Emma. Sie trauert und bekommt von ihrem überdimensionalen Brautwerber zur Aufmunterung Rüben, die sie in jede Gestalt verwandeln kann. Sie wünscht sich ihre Gespielinnen herbei, die aber – wie die Rüben – rasant altern. Die Königstochter wendet nun einen Trick an: Sie werde, sagt sie, den Riesen heiraten, wenn er ihr die Zahl der auf dem Feld wachsenden Rüben nenne. Er zählt, verzählt sich, zählt noch einmal … und Emma flieht auf einem aus einer Rübe herbeigewünschten Pferd.

Belebtes Wurzelwerk gibt es auch in Jacques Offenbachs »König Karotte«. Der verschwenderische Prinz Friedolin XXIV. wird darin von den zum (menschlichen) Leben erweckten Mitgliedern des königlichen Gemüsebeets – angeführt von König Karotte – auf den rechten Pfad gebracht. Inspiration für die Oper war E.T.A Hoffmanns Märchen »Die Königsbraut«, in welchem der »betrügerische Gemüsegnom« Daucus Carota Fräulein Ännchen, die das Gemüsebeet hegt und pflegt, heiraten will. Er macht sie sich mithilfe eines Zauberrings gewogen, der auf einer Wurzel im Gemüsebeet steckt. Der Gnom besteht aus einem Kopf mit verkümmerten Gliedmaßen – was Ännchen, wäre sie bei ihm geblieben, auf Dauer sicher nicht gefallen hätte. Erst lässt sie sich aber blenden, denn Daucus Carota ist Gemüsekönig, begleitet von seiner Karottengarde und den übrigen Gartenfrüchten. Und Ännchen liebt nun mal Gemüse. Ihr früherer Geliebter, ein gut gewachsener Student, will sie retten und zwingt den Karottenkönig mittels Dichtkunst und Gesang zurück ins Beet. Ännchen kann den Ring, durch den sie selbst gelb und verschrumpelt geworden ist, abstreifen und wird wieder schön. Der Student singt nicht mehr und Ännchen bekommt einen strammen Mann.

Zwar keine Karottengarde, aber ein »Karottenballett« gibt es in Wien: Die Straßenkehrer, die dankenswerterweise tagtäglich zu Fuß unterwegs sind, um die österreichische Bundeshauptstadt zu säubern, werden ob ihrer orangen Uniformen scherzhaft so genannt. Ihre ebenfalls orangen Kollegen auf den Wägen der Müllabfuhr heißen übrigens »Mistkübler«. Die Bezeichnungen sind durchaus liebevoll, denn die Bediensteten der Wiener Magistratsabteilung für »Abfallwirtschaft, Straßenreinigung und Fuhrpark« in ihren Signal-Dressen sind in den letzten Jahren in ihrem Image deutlich nach oben geklettert. Es mag sie einfach jede/r – zurecht.

Dass nicht nur die Farbe, sondern auch die Form der Rübe zum Modischen taugt, beweist die Rückkehr der Karottenhose. Das Relikt aus den 1980ern bekommt also eine Wiederauflage. Ob wir uns darüber so freuen wie über die orange Wiener Außen-Putztruppe? Nun ja …

Abschließend wollen wir noch einen Blick in die Sterne wagen: An der niederländischen Universität von Wageningen, spezialisiert vor allem auf Themen Ernährung, Umwelt und Gesundheit, forscht ein Team zum Thema Ernährung im All. Die Karotte ist da ganz vorn mit dabei: Sie wächst, wenn auch nicht sehr saftig, auf einem Boden, der in seiner Zusammensetzung dem des Mars entspricht – zumindest bei Erdatmosphäre und ausreichend Bewässerung. Ohne »künstliche Beatmung« würde die Rübe auf dem Roten Planeten allerdings nicht gedeihen. Die Luft ist zu dünn und es ist dort eindeutig zu kalt. Da widmen wir uns auf den nächsten Seiten doch lieber der Wurzel, wie sie auf unseren Feldern wächst, und verarbeiten sie zu allerlei Köstlichkeiten.

# REZEPTE

## FRÜHSTÜCK

### *Purple Crunch*
### *Violettes Karotten-Granola (Knuspermüsli)*

Dieses Rezept ist unserem Testesserkind Frida gewidmet. Sie liebt dieses Müsli! Ob das an der (Lieblings-) Farbe violett liegt, am Knusperfaktor, oder am Geschmack, sei dahingestellt.

Das Müsli mit Milch oder Joghurt und Früchten genießen. Da das Müsli Karotten enthält, ist es nicht lange haltbar, idealerweise isst man es innerhalb einiger Tage (was man sowieso möchte!). In einer luftdichten Dose oder einem verschlossenen Glas aufbewahren.

*Für 5–6 Portionen:*

*150 g violette Karotten • 50 g Ahornsirup • 1 EL Rapsöl • 100 g feine Haferflocken • 50 g Buchweizenkörner • 25 g Sonnenblumenkerne • 25 g ungeschälte Sesamsamen • 25 g Mandeln oder Cashewnüsse (grob gehackt) • ¼ TL gemahlene Vanille • ¼ TL Zimt • 1 Prise Salz*

Karotten schälen, schneiden, dampfgaren (Farbstofferhaltung!) und pürieren – Sie benötigen 100 g Karottenpüree. Das Püree mit Ahornsirup und Rapsöl gut ver-

mischen. Alle trockenen Zutaten in einer Schüssel gut vermengen, das Karottenmus gut daruntermischen. Die Masse wird intensiv violett und schmeckt schon in diesem Zustand vorzüglich!

Backofen auf 150 °C Heißluft vorheizen. Ein Blech mit Backpapier auslegen. Die Masse darauf verteilen (eher dicht damit Knusperstücke entstehen). Insgesamt 30–35 Minuten backen, alle 10 Minuten mit einem Pfannenheber wenden und mischen. Auf dem Blech abkühlen lassen, die Knusprigkeit erzielt das Granola erst im kalten Zustand, wenn die Partikel aneinanderhaften!

## Persische Karottenmarmelade

*Moraba Havij* heißt die Marmelade, die man heute im Iran isst. Meist orange, doch auch violett möglich, ziemlich süß, und ätherisch duftend nach Kardamom und Rose. Pistazien verleihen der Marmelade ein spezielles Mundgefühl. Als Rouladen-Füllung wie als Brotaufstrich geeignet! Achtung, die Marmelade ist nicht ewig haltbar und sollte im Kühlschrank gelagert werden.

*Für 2 Gläser mit je 290 ml Fassungsvermögen:*
*500 g Karotten (geschält und fein gerieben) • 250 g Kristallzucker • 1 Bio-Orange (Saft und Schale) • 1 EL Rosenwasser • 1 gehäufte Msp. gemahlener Kardamom • 2 EL Pistazien (fein gehackt oder grob gemahlen)*

Geriebene Karotten und Zucker in einem Kochtopf vermischen, zudecken und im Kühlschrank 6–8 Stunden stehen lassen. Der Zucker zieht dabei Flüssigkeit aus den Karotten. Orangenschale, Orangensaft, Rosenwasser und Kardamom zugeben und unter gelegentlichem Rühren ca. 40 Minuten einkochen. Kurz vor Ende der Garzeit die Pistazien zufügen. Die Marmelade ist fertig, wenn die Karotten völlig weich und zerfallen sind.

## *Karotten-Pancakes*

Diese Pancakes bestechen nicht nur mit der Karotte, sondern auch mit dem Anteil an Mandelmehl – es verleiht den Pancakes eine dezente Marzipannote. Mandelmehl besteht nicht einfach aus herkömmlich gemahlenen Mandeln, die Kerne werden teilentfettet und mehlfein gemahlen. Die Textur der Karotten-Pancakes ist naturgemäß etwas anders als von gewöhnlichen Pancakes, aber auch sie gehen ordentlich auf!

*Für ca. 12 Pancakes: 200 g Universalweizenmehl • 50 g Mandelmehl • 1 EL Zucker • 2 TL Backpulver • 1 Prise Salz • 2 Eier (Größe M) • 300 ml Milch • 100 g Karotten (fein gerieben) • Beeren und Ahornsirup oder Apfelmus als optionales Topping*

Zuerst die trockenen Zutaten – Mehl, Mandelmehl, Zucker, Backpulver und Salz – gut vermischen. Eier und Milch verquirlen und gemeinsam mit den Karotten zur Mehlmasse geben. Teig mit einem Kochlöffel kurz verrühren (keinesfalls mixen, denn zu langes oder heftiges Rühren verhindert, dass die Pancakes flauschig werden und aufgehen). Den Teig 10–15 Minuten ruhen lassen.

In einer beschichteten Pfanne kleine Pancakes backen (das Ergebnis wird ohne Fett besser als mit Öl). Die Pfanne vor dem Einfüllen des Teiges heiß machen, aber sobald die ersten Pancakes backen, auf mittlere Hitze reduzieren, sonst werden sie außen rasch dunkel und sind innen roh. Die Pancakes in der Pfanne NICHT flach drücken, sonst gehen sie nicht auf. Bei mittlerer Hitze auf beiden Seiten backen, bis sie gar sind.

Die klassische Kombination mit (frischen oder tiefgekühlten) Beeren und Ahornsirup passt auch zu den Karotten-Pancakes – ebenso wie Apfelmus.

## Frühstücks-Trunk mit Rosmarin

Smoothies bestehen meist »nur« aus Früchten und Fruchtsäften, manchmal gesellt sich Gemüsesaft, Kokosmilch oder Wasser dazu. Wir mögen es, etwas Tee zuzufügen. Einerseits wird ein bananenhaltiger Smoothie damit nicht zu dick (und heißt hier daher auch Trunk), andererseits bringt man weitere Aromen und damit mehr Komplexität in das Getränk. Der Trunk ist süß von Banane und Karotte, säuerlich und bitter von der Grapefruit, auch der Rosmarin bringt etwas Bitterkeit ein. Geschmackskontrast vom Feinsten. Darüber hinaus ist Rosmarintee zum Frühstück besonders gut geeignet, weil er eine anregende Wirkung hat. Weil er meist im Gewürzregal und nicht bei Kräutertees zu finden ist, ist er als Teegetränk weitgehend unbekannt.

*Für 2 Personen: 1 TL getrockneter Rosmarin • 120 ml Karottensaft • 120 g rosa Grapefruitsaft • 1 kleine Banane (75 g Fruchtfleisch ) • 1 TL Rapsöl*

Zuerst den Tee zubereiten: Rosmarin mit ¼ l kochendem Wasser aufbrühen, 5 Minuten ziehen lassen, etwas abkühlen lassen (er darf noch lauwarm sein, man braucht ja nur ein paar Esslöffel davon – den Rest einfach so trinken). In einem Standmixer Karottensaft, Grapefruitsaft, Banane, Öl und Tee zu einem homogenen Drink mixen.

## *Karotten-Miso-Brot*

Eigentlich naheliegend, dass man verschiedene Mikroorganismen im Brotteig vereint, das passiert ja auch mit Milchsäurebakterien und Hefen bei der Sauerteiggärung. Bei diesem Brot kommen Koji-Schimmelpilze aus dem Miso zur Hefe. Das Ergebnis: ein extrem saftiges und aromatisches Brot, mit süßlichem und leichtem Umami-Geschmack. Kindertauglich – und einmal mehr Frida gewidmet, die dieses Brot ungemein liebt.

*Für 1 Kastenform:*
*400 g Universalweizenmehl • 100 g Roggenvollkornmehl • ½ P. Trockenhefe • 1 TL Salz • 50 g helles Miso • 400 ml lauwarmes Wasser • 200 g orange Karotten (geschält und fein gerieben)*

Beide Mehlsorten, Hefe und Salz gut vermischen. Das Miso im lauwarmen Wasser auflösen. Alle Zutaten kurz verrühren, aber den Teig nicht kneten. Den Teig in einer Teigschüssel zudecken und ca. 8 h an einem warmen Ort, z.B. nahe der Heizung, gehen lassen. Der Teig geht leicht auf, vergrößert sich aber beim Backen nochmals.

Backofen auf 200 °C Ober-/Unterhitze vorheizen. Den Teig in eine mit Backpapier ausgekleidete Kastenform füllen und nochmals kurz in der Form gehen lassen. Das Brot ca. 1 Stunde backen; noch warm aus der Form nehmen und das Backpapier abziehen, damit das Brot außen trocken bleibt. Auf einem Kuchengitter auskühlen lassen.

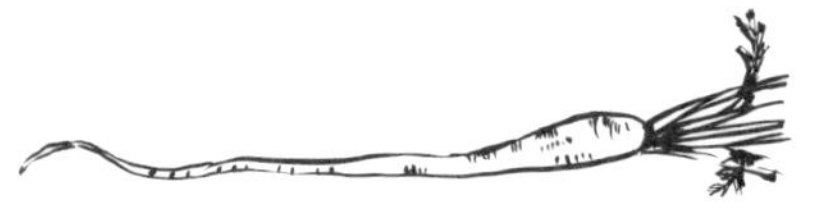

## *Karotten-Sesam-Kipferl*

Wir sind große Freundinnen von Halbvollkorn – also die Hälfte der Mehlmenge in der Vollkornvariante zu nehmen. Vollkornmehl ist komplexer im Geschmack und gesünder, helles Mehl erzeugt eine schönere Farbe. Die Kipferl werden sehr flaumig. *Pekmez* (Traubenmelasse) gibt es in jedem türkischen Lebensmittelgeschäft – es verleiht den Kipferln eine dezente Süße und harmoniert ebenso wie die Karotte wunderbar mit Sesam, der Kauf ist also auf jeden Fall empfehlenswert! Man kann die Kipferl aber auch mit Milch oder Ei bestreichen.

*Für ca. 15 Kipferl:*

*250 g Weizenvollkornmehl • 250 g glattes Mehl • etwas Mehl zum arbeiten/formen • ½ Würfel frische Hefe • 30 g Honig • 175 ml Wasser lauwarm • 1 TL Salz • 175 ml Karottensaft (lauwarm temperiert) • 2 EL Rapsöl • 1 EL Traubenmelasse (Pekmez) • Sesamsamen zum Bestreuen*

Zuerst den Vorteig machen, dafür Hefe und Honig in 50 ml lauwarmen Wasser auflösen, 2–3 EL Mehl dazugeben, gut verrühren und 15 Minuten stehen lassen. Für den Hauptteig das restliche Mehl, Salz, Karottensaft und die verbliebenen 125 ml lauwarmes Wasser zum Vorteig geben und ein paar Minuten mit den Knethaken eines Handrührgerätes kneten. Rapsöl zufügen und weitere drei Minuten kneten. Teig zugedeckt etwa eine Stunde gehen lassen.

Den Backofen auf 180 °C Ober-/Unterhitze vorheizen. Das Blech mit Backpapier auslegen. Pekmez mit 1 EL Wasser mischen. Aus dem Teig Kipferl formen, mit der Pekmez-Wasser-Mischung bestreichen und dicht mit Sesam bestreuen. Im vorgeheizten Ofen 16–17 Minuten backen.

## *Rhabarber-Karotten-Scones*

In England werden Scones zwar traditionell zum Nachmittags-Tee (genau genommen zum *cream tea with clotted cream*) gereicht, aber wir finden, sie bereichern auch ein Wochenendfrühstück im Frühling, wenn Rhabarber als einer der ersten heimischen Frühlingsboten erhältlich ist. Ein Scone ist ein Gebäck, das nicht mit Hefe, sondern dank Backpulver aufgeht. Manchmal ist Buttermilch im Teig, immer wird kalte Butter eingeknetet. Die kalte Butter und die Tatsache, dass der Teig nur gemischt und wenig geknetet wird – gerade so, dass er zusammenhält – verleiht den fertigen Scones eine spezielle Konsistenz.

*Für ca. 15 Stück: 200 g Rhabarber-Stangen • 225 g Weizenvollkornmehl • 225 g Universalweizenmehl (+ Mehl für die Arbeitsfläche) • 1 Päckchen Backpulver • 80 g Rohrzucker • 1 Prise Salz • 75 g kalte Butter • 300 g Buttermilch • 100 g Karotten (fein gerieben) • 2 EL Rosinen • nach Belieben Ei zum Bestreichen*

Rhabarber waschen, schälen, die Enden abschneiden und den Rhabarber sehr klein würfeln – am besten geht das, indem man die Stangen der Länge nach drittelt und dann sehr dünne Scheibchen abschneidet. Die Kleinwürfeligkeit ist wichtig, damit der Rhabarber gut verteilt und während der kurzen Backzeit auch gegart wird. Sie brauchen ca. 120 g Rhabarberwürfel.

Beide Mehle, Backpulver, Zucker und Salz gut vermischen. Die kalte Butter in sehr kleine Würfel schneiden und mit den Händen rasch in die Mehlmischung einarbeiten, bis keine Butterwürfel mehr spürbar sind. Die Masse fühlt sich leicht sandig an. Buttermilch, geriebene Karotten, Rhabarberwürfel und Rosinen zufügen. Alle Zutaten gut vermengen, aber den Teig nicht kneten.

Auf einer bemehlten Arbeitsfläche eine Kugel formen, diese flach drücken und ca. 30 Minuten rasten lassen.

Backofen auf 190 °C Ober-/Unterhitze vorheizen. Zwei Bleche mit Backpapier auslegen. Den Teig mit einem Nudelholz ca. 2–3 cm dick ausrollen und mit einem Ausstecher Kreise ausstechen. Wer möchte, kann die Oberfläche zur stärkeren Farbgebung mit etwas verquirltem Ei bestreichen. Teiglinge auf die Bleche legen und hintereinander ca. 25 Minuten backen. Scones isst man warm.

## *Karotten-Saaten-Knäckebrot*

Schnell zubereitet, gesund, haltbar. Die rohe Masse schmeckt etwas streng, im gebackenen Zustand ist davon nichts mehr zu merken: knusprig, nussig, vegetabil. Das Knäckebrot kann pur geknabbert, mit pikanten Aufstrichen oder süßer Karottenmarmelade genossen werden. Im Sinne der Haltbarkeit sind keine frischen Karotten, sondern Karottensaft und Karottenpulver (aus gefriergetrockneten Karotten) enthalten. Letzteres schmeckt angenehm süßlich, es kann aber auch weggelassen werden. Kindertauglich!

*Für 2 Bleche:*

*100 g feinblättrige Haferflocken • 100 g Weizenvollkornmehl • 50 g Roggenvollkornmehl • 100 g Chiasamen • 50 g Sonnenblumenkerne • 50 g Sesam • 2 gestrichene TL Salz (oder nach Geschmack) • 2 TL Zucker • 1 gehäufter EL (20 g) getrocknetes Karottenpulver • 150 ml Karottensaft • 300 ml Wasser • 2 EL Rapsöl*

Haferflocken, Mehle, Chiasamen, Sonnenblumenkerne, Sesam, Salz, Zucker und Karottenpulver gut vermischen. Dann die feuchten Zutaten – Karottensaft, Wasser und Öl – zufügen und gut verrühren. Die Masse ca. 15 Minuten ziehen lassen.

Backofen auf 170 °C Heißluft vorheizen (unbedingt Heißluft, damit beide Bleche simultan gebacken werden können). Zwei Backbleche mit Backpapier auslegen. Jeweils die Hälfte der Masse auf ein Blech geben. Nun mit einem weiteren Bogen Backpapier abdecken und die abgedeckte Masse mit dem Nudelholz dünn ausrollen. Im Ofen ca. 45 Minuten backen, jedoch bereits nach 15 Minuten mit einem scharfen Messer oder Pizzaroller das Knäckebrot in Scheiben schneiden. Später funktioniert das nicht mehr. Fertig backen, aus dem Ofen nehmen, die Stücke auf einem Kuchengitter auskühlen lassen und in Keksdosen aufbewahren.

## SALATE & PICKLES

### Karotten-Ananas-Salat mit Erdnüssen und Koriander

*Für 2 Personen:*
*200 g Karotten (grob geraspelt) • 200 g süße Ananas (kl. Stücke) • 30 g geröstete und gesalzene Erdnüsse • 1 Handvoll Korianderblättchen (gehackt)*
*Marinade: 1,5 EL geröstetes Sesamöl • 2–3 EL Zitronensaft • 3 TL Ingwersaft • Salz • Prise Chilipulver*

Karotten, Ananas, Erdnüsse und Korianderblättchen mischen. Alle Zutaten für die Marinade verrühren und mit den Salatzutaten vermengen.

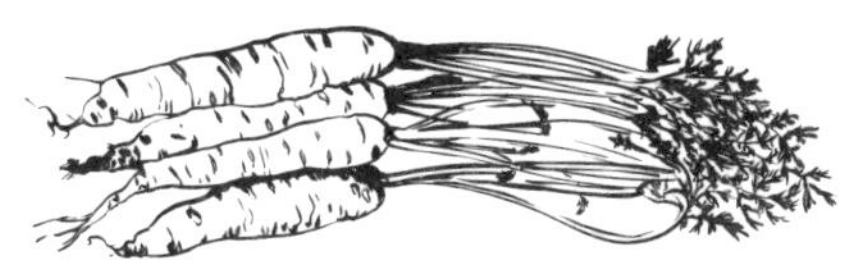

## *Karotten-Blutorangen-Taboulé*

Taboulé ist ein Salat aus Couscous oder Bulgur, mit Petersilie und Minze, Zitronensaft und Olivenöl, Kreuzkümmel sowie frischem Gemüse wie Tomaten, Gurken, Zwiebel. Man isst es in Südfrankreich ebenso wie in Nordafrika. Hier ist eine orange Variante davon.

*Für 3 Personen als Hauptspeise und entsprechend mehr als Beilage oder Vorspeise:*
*200 g Couscous • 200 ml Karottensaft • 200 ml Wasser • Salz • 1 TL Kreuzkümmel • 2 Bio-Blutorangen • 2 EL Olivenöl • Meersalz • 400 g Karotten (geschält und grob gerieben) • 2 EL Pinienkerne*

Karottensaft, Wasser und etwas Salz aufkochen, Couscous einstreuen, umrühren und auf der ausgeschalteten Herdplatte ziehen lassen, bis die Flüssigkeit aufgesaugt ist. Abkühlen lassen. Der Couscous wird fest – es kommt nämlich noch reichlich Flüssigkeit in Form von Orangensaft dazu!

Den Kreuzkümmel in einer Pfanne trocken rösten und mörsern. Pinienkerne trocken rösten. Schale einer Blutorange fein abreiben. Beide Blutorangen auspressen (ca. 120 g Saft). Aus Orangensaft, Orangenschale, Olivenöl, Kreuzkümmel und Meersalz eine Marinade rühren.

Couscous mit den geriebenen Karotten und den Pinienkernen vermischen und mit der Marinade gut durchrühren, bis der Salat locker ist. Kurz ziehen lassen und abschmecken.

### Seidentofu-Karotten-Dressing für Blattsalat

*Für 2 kleine Beilagen-Blattsalate oder 1 große Bowl: 100 g Seidentofu • 50 ml Karottensaft • 1 EL Sojasauce • 1 EL Reisessig • ½ EL Öl • Salz*

Alle Zutaten pürieren.

### Karottengrün-Salatöl

Als Salatöl oder zum Beträufeln von Risotto oder Pasta. Das Öl kann man einige Tage im Kühlschrank aufbewahren. Wer nur kleine Mengen benötigt, sollte die Rezeptmenge halbieren.

*Grün von einem großen Bund Karotten (ca. 50 g) • 200 ml mildes Pflanzenöl*

Karottengrün waschen, grob schneiden, mit dem Öl pürieren. 15 Minuten ziehen lassen, dann durch ein Teesieb abseihen.

### Eingelegte Weihnachtskarotten

Man kann es Upcycling des Christbaums nennen, Zweitnutzung, oder einfach kulinarisches Neuland. Denn Tanne oder Fichte – so unbehandelt –, lassen sich als Würzmittel für eingelegte Gemüse nutzen. So lässt sich das Weihnachtsgefühl etwas verlängern. Oder einfach eine genüssliche Jause im Jänner oder Februar herbeizaubern. Schmeckt super auf Ricotta-Brot oder Topfen-Ei-Aufstrich-Brot.

*Für 2 Rexgläser mit je 500 ml Fassungsvermögen: 250 g Karotten (ergibt 200 g geschält, mit dem Sparschäler in dünne Scheiben gehobelt) • 400 ml Apfelessig • 200 ml Wasser • 80 g Zucker • 20 g Meersalz • 2 EL trockene Bio-Christbaum-Tannennadeln (gehackt) • 10 Wacholderbeeren*

Zuerst die Gläser vorbereiten und kurz in heißem Wasser sterilisieren. Gehobelte Karotten kurz blanchieren, gut abtropfen und in die Gläser füllen. Aus Essig, Wasser, Zucker, Salz, Tannennadeln und Wacholderbeeren einen Sud kochen und diesen ganz heiß über die Karotten gießen. Die Karotten müssen vollständig mit Sud bedeckt sein. Gläser sofort verschließen und im Backofen pasteurisieren: Dazu auf ein mit Wasser befülltes Blech bei 160 °C Umluft in den Backofen stellen. So lange warten, bis das Wasser perlt, dann abschalten und 30 Minuten im Ofen stehen lassen.

Das Pasteurisieren ist notwendig, da das Gemüse 2–4 Wochen ziehen soll, bevor es gegessen wird. Check: Der Deckel des abgekühlten Rexglases muss auch ohne Klammern mit dem Glas zusammenhalten!

## SUPPEN

Unsere Suppenrezepte bieten in ihrer »Erwachsenenform« das Kontrastprogramm zur Moro'schen Karottensuppe auf S. 21f.

### *Karotten-Sanddorn-Suppe*

Wenn es eine Vitamin-Booster-Suppe gibt, dann ist es diese: Beta-Carotin der Karotte trifft auf Vitamin C der Sanddornbeere.

*Für 3 Portionen:*
*350 g Karotten (geschält) • 2 kleine Zwiebeln • 100 g Kartoffel (geschält) • 1 EL Rapsöl • 600 ml Gemüsebrühe • 75 ml Karottensaft • 2 EL Sanddorn-Muttersaft • Salz und Pfeffer zum Abschmecken.*

Karotten schälen und in Scheiben schneiden, Zwiebel fein hacken, Kartoffel schälen und klein würfeln. Die Zwiebeln einige Minuten bei mittlerer Hitze glasig dünsten, sie dicken die Suppe später ein. Mit Karottensaft und Brühe aufgießen, Karotten und Kartoffeln zufügen und weich kochen. Sanddornmuttersaft zugeben und die Suppe fein pürieren. Mit Salz und Pfeffer abschmecken.

## *Karotten-Salzstangerl-Suppeneinlage*

Dieses Rezept ist eine Abwandlung einer Suppeneinlage, die Evas Tante früher – ohne Karotten – gemacht hat. Man kann die Einlage gut einfrieren und bei Bedarf die tiefgekühlten Einlagen in die heiße Brühe legen, sie tauen rasch auf und man hat ein schnelles Essen parat. Die Häppchen lassen sich aber auch als Snack knabbern. Das Rezept ist eine gute Resteverwertung für Gebäck vom Vortag oder kleine Käsereste.

*Zutaten (für ca. 25 Einlagen = 6 Portionen): 2 Salzstangerl vom Vortag • 2 große Eier • 80 g Karotten (geschält und fein gerieben) • 50 g Hart- oder Schnittkäse (z.B. Asiago, fein gerieben) • Salz • Pfeffer • Muskatnuss*

Backrohr auf 180 °C Ober-/Unterhitze vorheizen. Ein Blech mit Backpapier auslegen. Die beiden Salzstangerl in etwa 1,5 cm dicke Scheiben schneiden und auf das Blech legen. Für die Masse die beiden Eier versprudeln und mit den geriebenen Karotten, dem Käse und den Gewürzen vermischen. Abschmecken. Die Masse mit einem Teelöffel dick auf die Salzstangerl aufbringen – quasi kleine Häubchen machen. Im Ofen ca. 15 Minuten backen.

## Karottensuppe mit Gin

Wacholder – das dominante Aroma in Gin – harmoniert besonders gut mit Karotten.

*Für 3 Portionen:*
*400 g Karotten (geschält) • 1 kleine Zwiebel • 1 EL Rapsöl • 750 ml Gemüsebrühe • 1,5 EL Basmatireis • 2 EL Zitronensaft • ¼ Bio-Zitrone (Schale) • 1 EL Gin oder mehr nach Geschmack • Salz und Pfeffer zum Abschmecken*

Zwiebel fein hacken, Karotten in Scheiben schneiden. Die Zwiebeln einige Minuten bei mittlerer Hitze im Öl glasig dünsten, mit Brühe aufgießen, Karotten, Zitronenschale und gewaschenen Basmatireis zufügen und weichkochen. Zitronensaft und Gin einrühren und pürieren. Mit Salz und Pfeffer abschmecken.

## Karotten-Pastinaken-Suppe mit Bier

Die Süße der Rüben und Bitterkeit des Biers stellen einen wohligen Geschmackskontrast dar. Schmeckt mit Brotcroûtons oder Laugenbreze!

*Für 2 Portionen: ½ Zwiebel (50 g) • 1 EL Rapsöl • 175 g Karotten (geschält) • 125 g Pastinaken (geschält) • 300 ml Gemüsebrühe • 100 ml (alkoholfreies) Bier • Salz und Pfeffer zum Abschmecken*

Zwiebel hacken, Wurzelgemüse in Scheiben schneiden. Die Zwiebeln einige Minuten bei mittlerer Hitze im Öl glasig dünsten, mit Brühe und Bier aufgießen, Karotten und Pastinaken zufügen und ca. 15 Minuten köcheln lassen. Sehr fein pürieren und abschmecken.

## Karotten-Wassermelonen-Gazpacho

Kalte Suppen sind ein Sommerhit – besonders aber, wenn sie so schnell zubereitet sind. Der einzige Vorbereitungsschritt ist der Ingwertee, der natürlich auskühlen soll. Wer die Suppe dicker mag, püriert etwas mehr Toastbrot mit.

*Für 2 Portionen: 10–15 g Ingwer (geschält und in kleine Stücke geschnitten) • 150 ml Karottensaft (gekühlt) • 400 g reife, süße Wassermelone (entkernt und in Stücke geschnitten) • 1 EL Olivenöl • 1 Bio-Zitrone • 1 Scheibe Toastbrot (gewürfelt) • Salz • Pfeffer*

Für den Ingwertee die Ingwerstücke mit einem Viertelliter heißem Wasser aufgießen, je nach gewünschter Stärke 15–30 Min ziehen und anschließend abkühlen lassen. Sie brauchen 50 ml Ingwertee (den Rest einfach so trinken). Im Mixglas oder mit dem Mixstab aus Karottensaft, Melonenstücken, Ingwertee, Olivenöl, 1–2 TL Zitronensaft, etwas Zitronenschale und Toastbrotwürfeln eine glatte Suppe pürieren. Mit Salz und Pfeffer würzen und abschmecken.

## Weißer Spargel mit Karottenreduktion

So gut und so simpel!

*Für 2 Portionen: 1 Bund weißer Spargel (500 g) • Salz • 200 ml Karottensaft • Parmesan (gehobelt)*

Spargel schälen, unteres holziges Ende abschneiden und die Stangen stehend, mit der Spitze nach oben in Salzwasser kochen. In der Zwischenzeit den Karottensaft in einem Topf unter regelmäßigem Umrühren einkochen, bis er auf etwa 3 EL reduziert ist. Über den gekochten Spargel träufeln und mit Parmesan bestreuen.

## Karotten-Zimmes

Zimmes stammt aus der jüdischen Küche, vor allem aus der des osteuropäischen Judentums. Zu Rosch ha-Schana, dem jüdischen Neujahr, werden die Karotten für Zimmes in Scheiben geschnitten und erinnern so an Goldmünzen – Symbole für Glück und Reichtum. Der Honig im Gericht steht für ein »süßes neues Jahr«. Der Begriff *zimmes* hat auch die Bedeutung »großes Getue«, was zu Festtagen ja oftmals veranstaltet wird – viele Familien, nicht nur jüdische, können ein Lied davon singen. Zimmes kann man als Beilage oder Hauptspeise essen und kann natürlich mit verschiedenen Gemüsen – etwa Süßkartoffeln – erweitert werden.

*Für 2–4 Portionen (je nachdem, ob Hauptspeise oder Beilage):*

*½ kg Karotten • 5 Dörrpflaumen • 2 EL Olivenöl • ½ TL Kreuzkümmel (gemörsert) • ½ TL Zimt • 1 Prise Nelken • 1 Prise Muskatnuss • Salz • 150 ml Apfelsaft • 1–2 EL Honig • Pfeffer*

Karotten schälen und in Scheiben schneiden. Dörrpflaumen in Stücke hacken. Olivenöl in einem Topf erhitzen und die Karotten bei kräftiger Hitze unter Rühren kurz anrösten. Kreuzkümmel, Zimt, Nelken und Muskatnuss zufügen, kurz mitrösten. Dörrpflaumen und Salz zufügen und das Ganze mit Apfelsaft und Honig aufgießen. Hitze reduzieren und bei geschlossenem Deckel ca. 15 Minuten garen, zwischendurch gelegentlich umrühren. Deckel abnehmen, weiter bei mittlerer Hitze garen, bis die Flüssigkeit teilweise verdampft bzw. eingedickt ist und die Karotten weich sind. Mit Salz und Pfeffer abschmecken.

## *Karotten-Blitzketchup mit Tamarinde*

Wie genial: kein langes Einkochen, kein Auskochen von Gläsern, aber ein blitzschnell fertiges Ketchup, das man sich in der gewünschten Menge für den unmittelbaren Verzehr mixen kann. Und das aus Zutaten, die man allesamt zuhause lagern kann. Je nach gewünschter Süße, Säure oder Konsistenz kann das Ketchup leicht variiert werden: Wer es weniger säuerlich möchte, nimmt weniger Essig oder Tamarinde, wer es süßer mag, etwas mehr Zucker, wer es dünner möchte, gibt mehr Karottensaft dazu. Das Ketchup ist im Kühlschrank ein paar Tage haltbar.

*50 g getrocknete Tomaten • 100 ml Karottensaft • 10 g getrocknete Tamarinde • 15 ml Weißweinessig • 1 TL Olivenöl • 2 TL Rohrzucker • 1 Msp. Zimt • Salz*

Die Tomaten klein schneiden. Alle Zutaten im Cutter oder Standmixer oder Thermomix zu einer geschmeidigen Paste verrühren.

### *Karottengrün-Pesto mit Haselnüssen*

Karotten und Haselnüsse harmonieren perfekt – was liegt also näher, als auch Karottengrün mit Haselnüssen zu vereinen?

*Für 2–3 Portionen:*
*Karottengrün von 1 Bund Karotten (dicke Stiele entfernt, grob gehackt, ca. 25 g netto) • 40 g geschälte und geröstete Haselnusskerne • 2 EL geröstetes Haselnussöl • 1 EL Zitronensaft • ½ Zitrone (abgeriebene Schale) • 3 EL Karottensaft (mehr bei Bedarf) • Salz*

Alle Zutaten im Cutter zu einer feinen Paste verrühren. Will man es aufbewahren, sollte man das Pesto einfrieren.

## HAUPTSPEISEN

### *Karottensaftspätzle*

Als Beilage, als Hauptgericht wie Kässpätzle mit Röstzwiebeln und Bergkäse.

*Für 3–6 Portionen*
*(je nachdem, ob Hauptspeise oder Beilage):*
*175 g Weizenvollkornmehl • 175 g Universalweizenmehl • 3 Eier • 250 ml Karottensaft • 15 g weiche Butter • Salz • Muskatnuss • 1 EL Öl • Käse nach Geschmack*

Aus allen Zutaten einen Teig mixen, 30 Minuten quellen lassen. Spätzle mit einem Spätzlehobel ins Salzwasser hobeln. Mit Rapsöl beträufeln und mit geriebenem Käse bestreuen.

## Karotten-Rhabarber-Linsen-Dal

Süß-säuerlich, vollmundig, mild-würzig. Dazu schmeckt Basmatireis.

*Für 2–3 Personen: 2 rote Zwiebeln (geschält und gehackt) • 10 g Ingwer (geschält und fein gehackt) • 1–2 EL Rapsöl • ½ TL Koriandersamen (gemörsert) • ½ TL Kreuzkümmel (gemörsert) • ½ TL gemahlener Kurkuma • 2 mittelgroße Stangen Rhabarber (geschält und in Scheiben geschnitten, ca. 180 g) • 150 g rote Linsen • 150 ml Karottensaft • 150 g Kokosmilch • Salz • 1–2 TL Honig • ½ TL Garam Masala*

In einem Topf das Rapsöl erwärmen; darin die Zwiebeln und den Ingwer langsam unter Rühren 10 Minuten glasig dünsten, sie sollen nicht bräunen. Die letzten 2 Minuten Koriander, Kreuzkümmel und Kurkuma zufügen und anschwitzen. Rhabarber und Linsen zufügen und mit 200 ml Wasser und dem Karottensaft aufgießen. Salzen und zugedeckt bei mittlerer Hitze köcheln lassen, dabei gelegentlich umrühren. Nach etwa 10 Minuten Kochzeit die Kokosmilch zufügen und das Dal weitergaren, bis die Linsen weich sind (ca. noch 5–10 Minuten). Honig und Garam Masala zufügen und abschmecken.

## Pikante Karotten-Safran-Grießschnitten

Grießspeisen sind nicht umsonst beliebt – sie alle vereint ein angenehmes Mundgefühl. Weizengrießschnitten gibt es meist in süßer Form, Maisgrießschnitten in pikanter. Diese orangen Grießschnitten werden mit hellem Weizengrieß und einer guten Dosis Safran hergestellt.

*Pro Portion: 200 ml Karottensaft • 1 walnussgroßes Stück Butter • ¼ TL Salz • einige Safranfäden • 50 g heller Weizengrieß • Öl zum Braten • Ei zum Wenden*

Karottensaft mit Butter, Salz und gemörserten Safranfäden aufkochen, Grieß unter Rühren einstreuen, einige Minuten unter Rühren köcheln lassen und dann auf ein mit Backpapier ausgelegtes Blech ca. 1,5 cm dick streichen. Vollständig abkühlen und fest werden lassen (ca. 1 Stunde).

In Schnitten schneiden, diese in verquirltem Ei wenden und in einer Pfanne braten.

Dazu passen z.B. gebratene Zucchini und Salat.

## Pikante Karottenwaffeln

Diese Waffeln sind im Nu zubereitet. Sie schmecken besonders gut, wenn Sie ein Topping bekommen – sei es ein Klecks Frischkäse mit Räucherlachs, sei es frisch geriebenes Rohkostgemüse. Knackiger Blattsalat schmeckt natürlich auch dazu.

*Für 2 Personen (4 Waffeln):*

*100 g glattes Mehl • 1 TL Backpulver • 1 Ei • 125 ml Milch • 2 EL Öl • 100 g Karotten (fein gerieben) • 30 g Bergkäse (gerieben) • Salz • Pfeffer • Fett für das Waffeleisen*

Mehl und Backpulver gut vermischen. Ei, Milch und Öl mit dem Handrührgerät schaumig aufschlagen. Mehl, Karotten, Käse und Gewürze zufügen und gut verrühren. Im heißen und eingefetteten Waffeleisen Waffeln herausbacken, dabei die Waffeln etwas länger als herkömmliche Waffeln im Eisen lassen.

## *Karottenrisotto mit Karamellzwiebeln*

Risotto selbst ist nichts Neues, aber haben Sie schon einmal Zwiebeln in Karottensaft karamellisiert? Die haben es in sich!

*Für 2 Portionen:*

*Für die Karamellzwiebeln: 4 kleine (!) Zwiebeln (ca. 150 g – es können natürlich auch größere verwendet werden, die Garzeit steigt dadurch aber deutlich und die Zwiebeln müssen entsprechend früher zubereitet werden) • 1 walnussgroßes Stück Butter • 1 TL Rohrzucker • 1 EL weißer Condimento • 80 ml Karottensaft*

*Für das Risotto: 1 EL Olivenöl • 200 g Risottoreis • 250 ml Karotten-Direktsaft • 250 ml Gemüsebrühe • Salz • 2–4 TL Tahin (je nach gewünschter Intensität) • Parmesan*

Zwiebeln schälen, quer halbieren (sodass man die Rillen wie Jahresringe eines Baumes sieht). In einer Pfanne die Butter schmelzen, die Zwiebeln mit der Schnittfläche nach unten in die Butter stellen, kurz anbraten, Zucker zugeben und die Zwiebeln karamellieren. Mit Karottensaft und Condimento ablöschen und ca. 20 Minuten bei geschlossenem Deckel weich garen, dann den Deckel öffnen und den verbleibenden Sud noch einige Minuten einkochen, bis nur mehr ein dicker Sirup übrig ist.

Während der Garzeit der Zwiebeln den Reis in Olivenöl anbraten, schrittweise mit Karottensaft und Brühe aufgießen, salzen und immer wieder rühren. Das fertige Risotto abschmecken und Tahin zufügen. Karamellzwiebeln auf dem Risotto servieren und mit Parmesan bestreuen.

## *Karottengulasch*

Kürbisgulasch ist weit verbreitet – warum nicht einmal als Alternative Karottengulasch probieren? Das geräucherte Paprikapulver verleiht ihm eine komplexe Aromatik.

*Für 2 Portionen:*

*2 Zwiebeln • 1 Knoblauchzehe • 350 g Karotten • 300 g Kartoffeln festkochend • 2 EL ÖL • etwas Zucker • ½ EL Paprika edelsüß • 2–3 Msp. geräuchertes Paprikapulver • ½ TL Kümmel (gemörsert) • 1 EL Tomatenmark • 2 Lorbeerblätter • ½ l Gemüsebrühe • Pfeffer • 1 paar Kleckse Sauerrahm oder Frischkäse (natur)*

Zwiebel und Knoblauch schälen und fein hacken. Karotten schälen und längs halbieren (sehr dicke Karotten längs vierteln), in 3–4 cm Stücke schneiden. Kartoffeln schälen und längs je nach Größe vierteln bis achteln. Das Öl im Topf erwärmen, Zwiebel und Knoblauch bei mittlerer Hitze einige Minuten glasig dünsten. Mit Zucker leicht karamellisieren, dann beide Paprikapulver, Kümmel und Tomatenmark zufügen, unter Rühren kurz mitbraten, mit Brühe aufgießen. Kartoffeln, Karotten und Lorbeerblätter zufügen und bei offenem Deckel 25–30 Minuten köcheln, bis das Gemüse gar ist (aber nicht zerfällt). Mit Pfeffer abschmecken. Mit Sauerrahm- oder Frischkäseklecksen servieren.

## *Banh xéo – Vietnamesische Kokospfannkuchen mit Karotten-Sprossen-Füllung*

Der Sojadrink ist in diesem Teig wesentlich – die Sojabohne enthält natürliche Lecithine, die im Teig als Emulgator wirken. Der Salat kann auch als eigenständiges Rezept gegessen werden, in diesem Fall gibt man etwas Öl dazu, das in der Füllung der ohnehin üppigen Pfannkuchen nicht nötig ist.

*Für 6–8 Pfannkuchen: 200 g weißes Reismehl (idealerweise aus Jasminreis) • ½ TL Kurkuma • ½ gestr. TL Salz • 200 g Kokosmilch • 200 ml Sojadrink (ungesüßt) • 1 Ei • etwas Öl für die Pfanne*

*Füllung/Salat: 3 orange und 2 gelbe Karotten • 120 g Mungbohnensprossen • 1 Handvoll Korianderblättchen • 1 Bio-Limette (Schale und 2 EL Saft) • 2 EL Sojasauce • 1 EL Zucker*

Zuerst den Pfannkuchenteig zubereiten. Reismehl, Kurkuma und Salz gut vermischen. Dann Kokosmilch, Sojadrink und Ei zugeben, zu einem glatten Teig mixen und 15 Minuten quellen lassen.

In der Zwischenzeit den Salat zubereiten. Die Karotten schälen und in dünne kleine Streifen (Julienne) schneiden (ersatzweise grob reiben). Sprossen und Koriander waschen, die Korianderblättchen zerpflücken und grob hacken. Limettensaft, abgeriebene Limettenschale, Sojasauce und Zucker verrühren und den Salat marinieren. Abschmecken.

In eine heißen Pfanne die Pfannkuchen in wenig Öl backen. Etwas Salat auf die fertigen Pfannkuchen geben und wie ein Omelett zusammenklappen.

## Karotten-Holunderblüten-Eis

Aus gängigen Zutaten wird ein spezieller Genuss.

*Für 2–3 Portionen:*

*200 g griechisches Joghurt (10 %) • 50 g Sauerrahm (Saure Sahne) • 50 g Staubzucker (Puderzucker) • 70 ml Karottensaft • 30 g Holunderblütensirup*

Alle Zutaten verrühren und kühl stellen. Erst gut gekühlt in die Eismaschine füllen.

## Karotten-Halva & Halva-Eis

Eine Zubereitung, 2 Variationen – und es ist erstaunlich, wie unterschiedlich das gleiche Rezept bei unterschiedlichen Temperaturen schmeckt. Süß kommt bei wärmeren Temperaturen stärker heraus, Bitterkeit bei kühlen. Und gerade dieser Geschmacks- und Temperaturkontrast macht das Dessert so spannend. Es ist aber auch jede Variante für sich genossen gut!

*Für 2 Portionen:*

*250 g Karotten (fein gerieben) • 500 ml Milch • 1 Prise Meersalz • 2 Msp. Zimt • 1 Prise Muskatnuss • Samen von 5 Kardamomkapseln (gemörsert) • 50 g Honig • 30 g Tahin • 80–100 ml Schlagobers (süße Sahne)*

Karotten, Milch, Salz, Zimt, Muskatnuss und Kardamom, aufkochen und ca. 30 Minuten bei mittlerer Hitze köcheln lassen, dabei gelegentlich umrühren. Die Masse ist fertig, wenn keine Flüssigkeit mehr zu sehen ist. Abkühlen lassen. Honig und Tahin in die abgekühlte Masse rühren. Kalt stellen. Schlagobers schlagen und unterheben. Die Hälfte der Menge in eine Eismaschine füllen. Die andere als Nockerl portionieren. Zusammen genießen!

## *Orange Love*
## *Campari-Eislutscher mit Karotte*

Etwas Zucker ist hier gut, da die Bitterkeit im kalten Zustand stärker hervorkommt, aber er ist natürlich optional.

*Für 1 Lutscher mit ca. 100 ml:*

*70 ml frisch gepresster Orangensaft • 15 ml Karottensaft • 15 ml Campari • 1 TL Zucker*

Alle Zutaten mischen und in eine Eislutscherform füllen. Gefrieren lassen.

## *Gelbe Karottenbiskuitroulade*

Wer glaubt, Gemüse (z.B. für seine Kinder) verstecken zu müssen, liegt hier ebenso goldrichtig wie alle, die Karotten lieben (wie unser unbestechliches Testesserkind Frida). Denn gelbe Karotten im Biskuitteig sieht man nicht – dafür ist die Roulade sehr saftig.

*Für 1 Roulade:*

*100 g Universalweizenmehl • 1 geh. TL Backpulver • 1 Prise Salz • 5 Eier • 80 g Zucker • ½ Bio-Zitrone (abgeriebene Schale) • 120 g gelbe Karotten (geschält und fein gerieben) • Staubzucker (Puderzucker)*

Backofen auf 160 °C Heißluft vorheizen. Mehl mit Backpulver und Salz vermengen. Eier trennen, Schnee schlagen. Eigelbe mit Zucker einige Minuten schaumig rühren, Zitronenschale zufügen. Karotten und Mehl schrittweise unterrühren, Schnee vorsichtig unterheben. Teig auf ein mit Backpapier ausgelegtes Blech streichen und ca. 13 Minuten backen. Mit Staubzucker bestreuen.

Als Füllung schmeckt Pfirsichmarmelade, Marillenmarmelade, aber natürlich auch Karottenmarmelade.

## Karottenkuchen

Ob *Rüblitorte* in der Schweiz, *Bolo de cenoura* in Brasilien oder *Gulerodskage Med Flødeost* in Dänemark – Karotten haben es in vielen Ländern in den Kuchen geschafft. Das ist unsere Version!

*Für 1 Springform mit 24 cm Durchmesser:*

*100 g Universalweizenmehl • 1 TL Backpulver • 1 Prise Salz • ½ TL Zimt • 230 g gemahlene Mandeln • 5 Eier • 200 g Zucker • 300 g Karotten (fein gerieben) • ½ Bio-Zitrone (abgeriebene Schale) • Fett für die Form*

Backofen auf 180 °C Ober-/Unterhitze vorheizen. Mehl mit Backpulver, Salz und Zimt gut vermischen und dann mit den Mandeln vermengen. Die Eier trennen, Schnee steif schlagen. Dotter mit Zucker einige Minuten lang schaumig rühren, bis die Masse hell und deutlich mehr geworden ist. Die Karotten und die Zitronenschale mit der Eigelb-Masse vermengen. Dann abwechselnd die Mandel-Mehl-Mischung und den Schnee vorsichtig unterheben. In die befettete Springform füllen und im Ofen ca. 55 Minuten backen. Auskühlen lassen.

## Energiebällchen

Energiebällchen aus Trockenfrüchten und Nüssen sind praktisch, lassen sich überall mitnehmen, werden auch im Winter draußen nicht kalt. Um die Trockenfrüchte möglichst fein zu hacken, benötigt man aber entweder einen Fleischwolf, einen sehr guten Cutter oder einen Thermomix. Die Nüsse können durch andere ausgetauscht werden, wichtig ist nur das gesamte Verhältnis aus Nüssen und Trockenfrüchten. Karotten kommen in getrockneter Form vor, es gibt sie bereits pulverisiert zu kaufen.

*Für ca. 25 Bällchen: 75 g Mandeln • 25 g Pistazien • 100 g Dörrpflaumen • 25 g Gojibeeren • 25 g gefriergetrocknetes Karottenpulver • 20 g gepuffter Amaranth • 3 EL Apfelsaft • etwas Orangenschale • Zimt*

Nüsse fein mahlen, Trockenfrüchte fein hacken, alle Zutaten gut verkneten und kleine Kugeln formen. Im Kühlschrank lagern.

## Karotten-Mango-Sorbet mit Honig

*Für 2 Portionen: 75 g Karottensaft • 175 g Mango (Würfel) • 50 g Honig • 4 TL Zitronensaft • 2 TL Orangenlikör*

Bei diesem Rezept entscheidet die Küchenausstattung über die Vorgehensweise:

Variante A für Haushalte mit einem starken Standmixer, der Eis crushen kann, oder einem Thermomix: Karottensaft in Eiswürfelbehälter füllen und frieren lassen. Mangowürfel einfrieren. Karotteneiswürfel und gefrorene Mangowürfel im Küchengerät zuerst fein crushen, dann Honig, Zitronensaft und Likör zufügen und zu einem feinen Sorbet mixen. Sofort genießen.

Variante B für Haushalte mit einer Eismaschine: Mangowürfel, Karottensaft, Honig, Zitronensaft und Likör fein pürieren. In der Eismaschine zu Sorbet rühren & frieren.

Variante C für alle, die weder A noch B besitzen: Mangowürfel, Karottensaft, Honig, Zitronensaft und Likör fein pürieren. Die Masse in ein flaches Gefäß füllen und vier bis fünf Stunden in den Tiefkühler stellen. Ca. alle 30 Minuten mit einer Gabel durchrühren oder die gefrorene Masse vor dem Verzehr zerstückeln und pürieren.

## *Karottensalz*

Einige Rezepte in dieser Gourmandise werden mit Karottensaft zubereitet. Dafür kann man auf käuflich erhältlichen Direktsaft zurückgreifen, aber selbstverständlich auch selbst entsaften. In letztem Fall bleibt der Pressrückstand übrig, der im Sinne einer optimalen Resteverwertung weiterverarbeitet werden kann, etwa zu diesem orangefarbenen Salz.

*100 g Karotten-Pressrückstand • 200 g Meersalz*

Den Pressrückstand mit dem Meersalz verkneten, die Mischung auf ein mit Backpapier ausgelegtes Backblech verteilen und im Ofen bei 60 °C etwa fünf Stunden trocknen lassen. Die genaue Trocknungszeit hängt von der Restflüssigkeit im Pressrückstand und damit von der Güte des Entsafters ab. Auskühlen lassen, bei Zimmertemperatur noch etwas weitertrocknen lassen, dann grob zerkleinern und in ein verschließbares Glas füllen.

## LITERATUR


Arche Noah Sortenhandbuch online, https://sortenhandbuch.arche-noah.at

Bächtold-Stäubli, Hanns/Hoffmann-Krayer, Eduard: Handwörterbuch des deutschen Aberglaubens Band 6, Berlin/New York: Walter de Gruyter 1987

Der Wiener Dioskurides, Teil 1 (=Glanzlichter der Buchkunst, Bd. 8), Graz: Akademische Druck- und Verlagsanstalt 1998

Deutsche Gesellschaft für Ernährung e.V., Neue Referenzwerte für die Vitamin-A-Zufuhr, https://www.dge.de/presse/pm/neue-d-a-ch-referenzwerte-fuer-die-vitamin-a-zufuhr/

Did Sunny Delight Turn Someones's Skin Orange? Fact Check, https://culinarylore.com/food-myths:did-sunny-delight-turn-someones-skin-orange-fact-check/

Die Enzyklopädie des Isidor von Sevilla. Übersetzt und mit Anmerkungen versehen von Lenelotte Möller. Wiesbaden: matrixverlag 2008

Die Rübe. Magazin für kulinarische Literatur – Nummer 1. Zürich: Haffmanns Verlag 1988

Drösser, Christoph, Müssen Möhren mit Fett gegessen werden? https://www.zeit.de/zustimmung?url=https%3A%2F%2Fwww.zeit.de%2F2013%2F49%2Fstimmts-karotten-vitamin-a

Eichhoff, Jürgen: Wortatlas der deutschen Umgangssprachen, 4 Bände, Bern/München: Francke 1977, 1978; München/New Providence, London/Paris/Berg: K.G. Saur 1993, 2000

Fuchs, Leonhart: The New Herbal of 1543, New Kreüterbuch, Köln: Taschen 2001

Glatz-Deuretzbacher, Ines, Alte Sorten, Karotten mal ganz anders, https://www.carpediem.life/a/alte-sorten-karotte-mal-ganz-anders

Gostick, Adrian/Elton, Chester, Führen mit Möhren, Weinheim: Wiley 2006

Hedrén, E./Diaz V./Svanverg U., Estimation of carotinoid accessibility from carrots determined by an *in vitro* digestion method, https://www.nature.com/articles/1601329

Info-Grafiken Karotte: https://www.landschafftleben.at/lebensmittel/karotte/infografiken-2021/infografik-karotte---inhaltsstoffe-c-land-schafft-leben-2021.png

Kappler, Wolfgang, Karotten-Extrakt statt Antibiotika, https://www.wienerzeitung.at/nachrichten/wissen/mensch/343923-Karotten-Extrakt-statt-Antibiotika.html?em_cnt_page=2

Lindenthal, Thomas, Der CO2-Fußabdruck von Lebensmitteln – Wege einer klimafreundlichen Ernährung, https://www.zobodat.at/pdf/nat-land_2020_3_0053-0054.pdf

Meisinger, Werner, Karotten retten, https://www.falter.at/zeitung/20210505/karotten-retten/_31cbf4aced

Müller, Sybille: Karotten – die Gesundmacher, https://www.zentrum-der-gesundheit.de/ernaehrung/lebensmittel/gemuese/karotten)

National Geographic, Gemüse für den Mars, https://www.nationalgeographic.de/wissenschaft/gemuese-fuer-den-mars

Ossenkopp, Michael, Bugs Bunny wird 80, https://www.rnz.de/panorama/magazin_artikel,-der-kleine-klugscheisser-mit-der-moehre-bugs-bunny-wird-80-_arid,525782.html

Rohm, Brigitte, Karotten aus Fleisch, https://utopia.de/karotten-aus-fleisch-marrot-arbys-146059/

Slater, Nigel: Tender. Gemüse. Von der Aubergine bis zur Zwiebel, Köln: DuMont 2012

Tomsich Nikolaus (Hg.): Selbstgemacht im Glas. Wien: Brandstätter 2016

Vierich, Thomas A./ Vilgis, Thomas A.: Aromagemüse. Der Weg zum perfekten Geschmack, Berlin: Stiftung Warentest 2017

Vitamin-A-Produkte – was ist sinnvoll? https://www.klartext-nahrungsergaenzung.de/wissen/lebensmittel/nahrungsergaenzungsmittel/vitamin-aprodukte-was-ist-sinnvoll-26578

Wintermantel, Benita, Rindfleisch nur auf Platz 2, https://www.oekotest.de/essen-trinken/Rindfleisch-nur-auf-Platz-2-Diese-Lebensmittel-sind-die-schlimmsten-Klimakiller-_600836_1.html

## EVA DERNDORFER

ist selbstständige Ernährungswissenschafterin und Spezialistin im Bereich der Lebensmittelsensorik. Die Autorin zahlreicher Fach-, Sach,- Kinder- und Kochbücher hält Sensorikschulungen und Genussworkshops. Im Mandelbaum Verlag ist sie Autorin der Gourmandisen »Melanzane/Aubergine«, »Vanille«, »Erbse« und »Karfiol/Blumenkohl«.

www.evaderndorfer.at

## INGE FASAN

hat in Wien Germanistik und Kunstgeschichte studiert und lebt auch dort. Nach Zwischenstationen am Theater arbeitet sie als freiberufliche Lektorin und Autorin, u.a. mit Kulinarik-Schwerpunkt. Im Mandelbaum Verlag erschienen die Bände »Quitte« und »Steinpilz« in der Reihe *mandelbaums kleine gourmandisen*.

www.ingefasan.at

# REZEPTVERZEICHNIS

mandelbaums *kleine gourmandisen*

Jeweils 60 Seiten | Euro 14,– | Gebunden

| | |
|---:|:---|
| **ARTISCHOCKE** | **MORCHEL** |
| **AVOCADO** | **ORANGE** |
| **BANANE** | **PASTINAK** |
| **BASILIKUM** | **PISTAZIE** |
| **BIRNE** | **QUITTE** |
| **DATTEL** | **RADICCHIO** |
| **ERBSE** | **RHABARBER** |
| **ERDNUSS** | **ROTE RÜBE ROTE BETE** |
| **FEIGE** | **SAFRAN** |
| **FENCHEL** | **SALBEI** |
| **GRANATAPFEL** | **SELLERIE** |
| **GURKE** | **SESAM** |
| **HEIDELBEERE** | **SPARGEL** |
| **HOLUNDER** | **STEINPILZ** |
| **JOHANNISBEERE** | **TOMATE** |
| **KAKAO** | **THYMIAN** |
| **KARFIOL BLUMENKOHL** | **VANILLE** |
| **KAROTTE MÖHRE** | **WALNUSS** |
| **MANDEL** | **WEICHSEL SAUERKIRSCHE** |
| **MANGOLD** | **ZIMT** |
| **MARONE ESSKASTANIE** | **ZITRONE** |
| **MELANZANE AUBERGINE** | **ZUCCHINI** |
| **MOHN** | **ZWIEBEL** |